au brouillon
de culture

Une vraie vie de nounou

Introduction

Hugo a la gastro, Salomé aime les poupées, Valentin fait le malin, Annabelle est toute belle, Lisa dit « j'aime pas ça ! », Rémi nous sourit, Malo joue avec l'eau, Louis est très gentil, Manon dit toujours non, Benjamin tape dans ses mains, Marilou aime sa nounou… Nounou ? Elle, elle est sur les genoux !

Une vraie vie de nounou, c'est se lever très tôt le matin pour préparer sa maison afin d'accueillir les enfants, ouvrir tous les jours sa porte avec le sourire et démarrer une journée bien chargée. Si vous décidez de me suivre dans ce livre, vous découvrirez à quoi ressemble réellement la vie d'un assistant maternel. Mais si vous faites partie de ceux qui avouent que l'idée de s'occuper à plein temps d'un bébé les déprime parce que « c'est comme vivre toute la journée, et tous les jours, en compagnie exclusive d'un incontinent, mentalement déficient »[1] alors passez votre chemin, ce livre n'est pas pour vous ! Car c'est bien de bébés dont il s'agit ici, de petits enfants aussi, et d'assistants maternels qui quotidiennement, pour le meilleur et pour le pire, les accueillent au sein de leur famille.

Les assistants maternels sont très nombreux en France, bien plus qu'on pourrait l'imaginer, et accueillent plus d'enfants que les structures classiques comme les crèches. Et pourtant, lorsqu'ils font parler d'eux, c'est toujours lors de faits divers sordides qui portent l'opprobre sur toute la profession. Qui connaît réellement les assistants maternels ? Qui sait de quoi sont faits nos journées, nos soucis, nos joies, nos espoirs ou nos angoisses pour l'avenir ?

1. Badinter E., *Le Conflit : la femme et la mère,* Paris, Flammarion, 2010, p. 172 ; Campbell E., *Childless Marriage,* London, Tavistock Publications, 1985, p. 51.

Une certaine conscience collective est apparue ces dernières années. On pourrait penser que ce phénomène encore balbutiant est dû à la naissance de notre convention collective, à notre formation devenue obligatoire, à l'ouverture des différents droits sociaux encore insuffisants… S'il est vrai que l'officialisation de notre métier l'a fait passer de l'ombre à la lumière, ce ne sont certes pas les textes de loi qui en sont seuls la cause. L'évolution d'une occupation vers une profession, d'une rémunération symbolique et aléatoire vers un vrai salaire, d'un certain mépris vers une relative reconnaissance, n'en est pas la seule raison.

Je pense personnellement que la raison de ce changement de mentalité, et la prise de conscience de notre valeur personnelle et collective, sont dues aux médias : l'assistant maternel isolé chez lui, sans guère de contact, peut aujourd'hui tisser des liens. Les blogs sur Internet, les forums de discussions fleurissent et sont très dynamiques. Ainsi, un assistant maternel au Pays Basque échange avec une collègue en Bretagne, compare les règlementations, les pratiques. Il prend conscience que ce qui fait force de loi chez lui est vécu différemment à l'autre bout du pays ! Les échanges sont parfois vifs et font bouger les mentalités.

Nos magazines professionnels jouent également un grand rôle dans la divulgation d'informations : comment serions-nous au courant sans eux, de l'évolution de notre métier et des différentes règlementations, puisque personne ne nous en informe ! On peut y lire les nouvelles lois, décrets ou circulaires qui améliorent ou au contraire compliquent singulièrement notre quotidien. Certaines rubriques y sont interactives et permettent là encore comparaisons, échanges et débats dans tout le pays. Petit à petit, la parole se libère ! Tel l'effet papillon, qui sait où seront ressenties les conséquences de tous ces imperceptibles battements d'ailes… Notre métier est en pleine mutation, c'est un fait !

Pour finir, les lieux de rencontres tels les Relais d'assistants maternels ou les associations sont aussi très bénéfiques à la circulation de l'information. Petit à petit, les assistants maternels, moins isolés, prennent conscience de leurs capacités, de leurs compétences, de leur nombre aussi : on se sent plus fort à plusieurs ! Quelqu'un de bien informé est moins facilement impressionnable, sait mieux dialoguer et défendre ses opinions. À entendre les autres parler de formations, on a aussi envie de mieux se former. Il nous vient même des envies d'évolution professionnelle… On s'inscrit à des conférences, à des colloques. À prendre conscience des soucis des autres, on se rend compte que beaucoup de choses doivent changer !

Elles changeront sans aucun doute, plus ou moins vite, et grâce à l'impulsion des nouvelles générations d'assistants maternels, plus revendicateurs, avides de connaissances et de reconnaissance, et grâce aussi à l'arrivée des messieurs toujours plus nombreux dans notre profession. Les assistants maternels savent s'adapter aux nouveaux enjeux de notre société, proposent des solutions novatrices : il suffit de leur donner la parole et de leur faire confiance !

Avec ce livre, je vous prends par la main et je vous entraîne dans mon monde : un monde où couches, biberons et tétines sont notre lot quotidien, mais pas seulement ! Car être assistant maternel aujourd'hui, c'est bien plus que cela : il faut être performant, tolérant, inventif, compétent, et tant d'autres qualificatifs que vous découvrirez au fil des pages. Allez, entrez avec moi au pays des nounous !

Chapitre I

La nounou, cette inconnue !

Ainsi, vous pénétrez dans notre monde, méconnu et mystérieux. Car qui sait ce qu'il se passe chez l'assistant maternel, une fois qu'il a refermé la porte derrière lui ? Au pays des nounous, nous sommes toutes et tous différents : pourtant, cette richesse n'est guère exploitée. Lorsqu'on pense « mode de garde », on évoque immédiatement la crèche comme référence, alors que nous sommes plus de quatre cent mille[2] à exercer ce beau métier ! Et les enfants ? Plus d'un million accueillis quotidiennement : comment se passe leur quotidien, que font-ils de leur journée, comment s'acclimatent-ils dans nos familles, quels liens se tissent au fil du temps avec leurs parents ? Suivez-moi, que je vous présente un peu mes collègues...

Les nounous des champs...

Marie-Lou habite un joli hameau à la croisée des chemins entre plusieurs villages du canton. Les jeunes parents qui vivent ici en ont souvent fait un choix de vie : ils préfèrent faire une heure de route pour aller travailler à la ville voisine, mais profiter pleinement de ce cadre de vie verdoyant. Marie-Lou est une personne des plus joviales, toujours souriante et chaleureuse. Sa maison sent bon la tarte aux pommes, et chien et chats y vivent en bonne harmonie. Marie-Lou est assistante maternelle depuis

2. « Quel avenir pour l'accueil des enfants ? », *Note d'analyse,* n° 257, janvier 2012, Centre d'analyse stratégique.

plus de vingt-cinq ans : elle tient un livre d'or avec la photo de chaque enfant accueilli, près d'une vingtaine maintenant. Ces jeunes parents savent la chance qu'ils ont d'avoir une nounou dont la patience est sans borne et l'écoute bienveillante, et c'est avec une totale confiance qu'ils lui confient leur enfant. Parfois ils retrouvent celui-ci lové dans le panier du chien de la maison, son meilleur ami, sans que personne n'y trouve à redire... Les fraises et les framboises du jardin sont souvent au menu, ainsi que le lait de la ferme d'à côté. Quand Marie-Lou prendra sa retraite, beaucoup se sentiront orphelins.

... et les nounous des villes

Lola a la plus belle poussette du quartier, toujours à la pointe de la technologie : sa nouvelle acquisition, un siège *side-car* pour le troisième enfant fait l'admiration de toutes ses collègues. C'est vrai qu'elle a la classe lorsqu'elle parcourt le quartier au pas de course, filant d'une activité à l'autre avec les petits ! D'ailleurs, le planning est accroché dans le couloir et consultable par tous les parents : lundi *baby-gym*, mardi médiathèque, mercredi Ram, jeudi ludothèque et vendredi ateliers d'éveil à la Maison de l'enfance. Entre-temps, Lola se rend au square où l'aire de jeux permet aux enfants de jouer avec les autres petits, et aux nounous d'échanger sur leur pratique. Les nouvelles consignes de la PMI, les projets de loi, les termes des contrats, tout cela fait l'objet d'échanges parfois animés. Lola était infirmière en centre hospitalier avant la naissance de ses enfants et avant de devenir assistante maternelle. C'est la rigueur dans sa pratique qui a séduit ses employeurs : hygiène et sécurité sont ses maîtres mots ! Ils se sentent rassurés de savoir qu'elle saura faire face avec professionnalisme aux petits et grands dangers du quotidien.

Les super nounous

Dans une autre vie, Sonia a fait des études supérieures et collectionné les diplômes. Elle parle aussi plusieurs langues étrangères. Les choix professionnels de son conjoint et son envie de travailler avec les enfants l'ont amenée à devenir assistante maternelle. Elle a abordé ce nouveau champ professionnel avec le même esprit, son dynamisme et son envie d'apprendre ne l'ayant pas quittée : elle enchaîne les formations l'une après l'autre ! « Éveil de l'enfant », « diététique », « le monde du livre », « l'accueil de l'enfant », elle n'en a jamais assez ; au centre de formation, elle est comme chez elle ! Ses employeurs ont été impressionnés et séduits par toutes ces connaissances qu'elle applique au quotidien et dont bénéficient directement les enfants accueillis. Lorsqu'ils l'ont rencontrée, ils avaient déjà réservé une place en crèche, mais ils ont tout de suite préféré embaucher Sonia chez qui leur enfant trouverait en même temps un accueil familial chaleureux et un savoir théorique et pratique d'une grande qualité. Ces parents-là sont très satisfaits de ce mode de garde et ont déjà réservé une place pour le futur petit frère !

Monsieur Nounou

Olivier est assistant maternel depuis quatre ans et fait partie des quelques mille cinq cents hommes[3] qui ont choisi cette profession traditionnellement féminine. Pourtant, ses motivations et son parcours sont assez semblables à ceux de ses collègues femmes. Il a pu compter sur le soutien et les encouragements de sa compagne, ravie, elle, de travailler à l'extérieur de chez elle et n'ayant jamais envisagé de rester à la maison. Ses parents néanmoins hésitent un peu avant de dire quel métier exerce leur fils et ses copains

3. « L'activité des assistants maternels », *l'e-ssentiel*, n° 116, novembre 2011, Caf.

de foot n'en sont toujours pas revenus ! Olivier, lui, est un assistant maternel épanoui : s'occuper de petits enfants lui apporte un grand bonheur après une première vie professionnelle stressante et peu valorisante. Il met toute son énergie au profit des enfants et leur propose nombre d'activités, souvent liées au sport. Son organisation est rigoureuse et lui permet d'accueillir quatre enfants. Il met volontiers en avant son expérience de papa et c'est ce qui a séduit ses employeurs ; les papas se sentent mieux reconnus dans leur rôle et les mamans ne se sentent pas en concurrence. Même s'ils doivent également faire parfois face aux remarques ironiques de leur entourage lorsqu'ils parlent de leur nounou…

Les nounous engagées

Brigitte s'était dit qu'elle ne supporterait jamais l'isolement que subissent la plupart des assistants maternels et elle a fondé son association dès qu'elle a obtenu l'agrément. La chose n'a pourtant pas été facile et les bâtons dans les roues très nombreux ! Tout était bon pour lui refuser une salle, le droit de s'y réunir, le planning des activités… Brigitte a dû monter au créneau plus d'une fois, soutenue en cela par ses employeurs qui ne comprenaient pas l'obstination de l'administration à lui refuser ce qui se faisait sans problème ailleurs, et qu'ils jugeaient utile et bénéfique pour leurs enfants. Aujourd'hui l'association des Petits Lutins se porte bien, même si les présidents d'associations d'assistants maternels sont régulièrement menacés d'être mis hors la loi. Les activités musicales, sportives et ludiques qu'elle propose drainent toujours plus de participants et les enfants s'y retrouvent avec bonheur plusieurs fois par semaine. Brigitte est syndiquée et très informée des nouvelles réformes et autres mesures, informations qu'elle fait partager à tous. Et elle n'hésite pas à accompagner ses collègues aux Prud'hommes lorsque cela s'avère malheureusement nécessaire.

Les nounous associées

Éliane et Sylvie se sont lancées dans un projet très original de partenariat, encouragées par la PMI, avec une organisation très particulière : assistantes maternelles toutes les deux depuis plusieurs années, elles travaillent ensemble alternativement au domicile de l'une puis de l'autre. Après le repas pris en commun, l'invitée du jour retourne chez elle avec ses petits pour l'heure de la sieste. Ce projet pourrait évoluer vers une microcrèche ou une Maison d'assistants maternels, mais pour le moment tout le monde, y compris les parents-employeurs, se satisfait de cet arrangement. Le projet pédagogique d'Éliane et de Sylvie porte sur un parrainage avec la maison de retraite du village, que les enfants fréquentent régulièrement. Le cahier de liaison très vivant qu'elles ont mis en place regorge d'anecdotes, de photos et de remarques d'ordre général. Travailler en binôme représente énormément d'avantages, ne serait-ce que pour les promenades quotidiennes qui sont proposées par l'une tandis que l'autre surveille la sieste des plus petits. Les parents sont rassurés de savoir qu'Éliane et Brigitte se complètent si bien et allient leurs compétences au profit de leurs enfants.

Tout va donc pour le mieux au pays des nounous ? Finalement, chacun trouve chaussure à son pied et tout le monde vit heureux jusqu'à l'entrée du petit à l'école… Car cette liste n'est pas exhaustive : on trouve aussi *la nounou sportive, la nounou musicienne* et bien d'autres. Un vrai conte de fées ! Pourtant, Marie-Lou, Lola, Sonia et les autres auraient peut-être quelques petites remarques à ajouter... Quelques petits soucis par-ci par-là qui leur gâchent un peu la vie. Certains parents qui ne trouvent ni place en crèche, ni nounou qui leur corresponde pourraient eux aussi avoir des choses à raconter. Ce joli tableau comporte donc quelques zones d'ombre et de détails un peu flous.

Car qui connaît les assistants maternels, leur quotidien, leurs problèmes, leurs inquiétudes ? Tout le monde et personne à la fois. On se doute à peu près de ce que fait une nounou : elle garde des enfants ! Ah oui, certes, mais pas seulement. Notre mission est aussi vague que vaste : nous devons accueillir *à notre domicile un enfant confié par ses parents pour participer à sa prise en charge et à son épanouissement,* c'est ainsi que la définit notre convention collective en 2005. Et pour cela nous dépendons de trois codes de lois différents qui quelquefois se contredisent, donnant lieu à des situations tragi-comiques ; souvent plus tragiques que comiques lorsqu'il s'agit d'un enfant.

Pourtant, c'est facile à comprendre ça : on prend en charge un petit enfant et on veille à ce qu'il soit épanoui ! Franchement, presque à la portée de tout le monde. En plus, on est rémunéré, on a des congés payés, un droit au chômage, une retraite : qu'il fait bon vivre au pays des nounous ! En gros, c'est ce que faisaient jadis les gardiennes d'immeubles et autres concierges : on comptait surtout sur leur bon cœur quand d'une main, elles distribuaient le courrier, de l'autre elles sortaient les poubelles, tout en gardant un œil affectueux et bienveillant sur les gamins. Bien sûr, côté épanouissement, ce n'était peut-être pas ça, mais qui s'en préoccupait à l'époque ?

C'est depuis que l'on a découvert les compétences des bébés et le potentiel des jeunes enfants que l'on s'est penché sur les personnes qui s'en occupent. Logique. On a donc souhaité notre professionnalisation en proposant une formation de cent-vingt heures, dont soixante heures *avant* l'accueil du premier enfant. Parce qu'il faut que je vous explique ! Il y a dix ans, vous demandiez l'agrément au Conseil général de votre région et après la visite d'un personnel de PMI, généralement une puéricultrice, et un entretien plus ou moins poussé, personnellement deux fois deux heures, pour d'autres un quart d'heure, vous obteniez l'agrément et l'autorisation d'accueillir des enfants. La formation, elle, devait s'effectuer durant les cinq premières années, en ce qui me concerne au bout de deux ans. C'est bien l'un des rares métiers où l'on obtient d'abord l'agrément pour faire ensuite la formation, et pas l'inverse !

À ce jour la formation reste inadaptée au mode d'accueil que nous proposons, spécifiquement familial, et surtout c'est une formation non diplômante. Ce qui explique sans doute le mépris persistant affiché par les autres professionnels de la petite enfance, car si nous appartenons à cette grande famille, convenez-en avec moi, nous nous sommes vraiment glissés par la petite porte ! Les lois ont régularisé une situation millénaire – les nounous existant depuis la nuit des temps – en nous permettant de sortir de l'ombre et du travail au noir. Mais si nous, nous nous considérons comme des professionnels de la petite enfance, c'est surtout par notre propre positionnement, notre volonté de nous former et de nous informer seuls, notre action au quotidien auprès des enfants et des familles, qui elles ne demandent en général qu'à reconnaître nos compétences.

Et ces compétences sont aussi variées que le sont les personnalités de ceux et celles qui pratiquent ce métier. De Marie-Lou, nounou des champs à Brigitte, nounou engagée, en passant par Olivier, nous sommes tous différents par notre histoire et notre mode de fonctionnement. Cette différence est une immense richesse, mais effraie aussi ceux qui voudraient à tout prix uniformiser le cheptel !

Donc pour essayer d'en savoir plus et de cerner ce que sont réellement les assistants maternels, des études sont menées. Le chercheur cherchant à percer le mystère des nounous dispose de deux méthodes de travail. L'une consiste à convoquer un panel de volontaires triés sur le volet suivant des critères propres à l'étude en cours, tandis que l'autre méthode consiste à tenter de trouver des cobayes acceptant de se laisser observer dans leur environnement naturel. On pressent immédiatement que la deuxième méthode est bien plus ardue ! Nous ne sommes pas des rats de laboratoires très conciliants et nous ne laissons pas si facilement disséquer nos méthodes de travail et nos petites habitudes…

L'étude DRESS-Crédoc 2007[4] a porté sur soixante et une assistantes maternelles, vingt lors d'entretiens face à face et quarante et une au téléphone. Ses « échantillons » étant nécessairement des volontaires, on peut imaginer que les collègues le plus en difficultés n'y ont pas participé, ce qui fausse un peu la donne dès le départ… L'objectif de cette étude était de cerner les choix qui nous ont amenés à exercer ce métier, la vision que nous en avons, les conditions de travail et les perspectives d'avenir. Et enfin, on a pu nous classer en trois catégories, c'est très rassurant ! Nous sommes donc divisés en « professionnels de la petite enfance », « nounous envers et contre tout » et « pragmatiques de la petite enfance », choisissez votre camp !

Quelques explications : les « professionnels » sont ceux qui se positionnent en éducateurs, dont les revendications portent essentiellement sur une meilleure formation, qui se distinguent par leur épanouissement professionnel, personnel et familial. On aurait aimé connaître un pourcentage… car tout de même, les collègues aussi épanouis que ça ne courent pas les rues ! Viennent ensuite les « nounous » qui mettent en avant leur expérience de la maternité, leurs qualités affectives et le don de soi, considérant qu'il faut avant tout avoir la vocation ! Leurs revendications portent principalement sur les salaires et considèrent que les formations n'apportent pas grand-chose. Et pour finir « les pragmatiques » qui voient dans ce métier la possibilité de garder leurs propres enfants, conciliant vie familiale et professionnelle. Ils secondent les parents dans l'éducation de leurs enfants en leur

4. « La professionnalisation des assistants maternels », *Cahier de recherche*, nº 263, décembre 2009, Crédoc.

inculquant des règles de vie (aux enfants, pas aux parents… quoi que !)

Une seconde étude menée par la Caf[5] a tenté d'étudier les assistants maternels dans leur habitat naturel. Ces observateurs se sont alors heurtés à deux difficultés : la PMI dont le *leitmotiv* est souvent « c'est interdit ! » s'étant montrée très réservée, et les assistants maternels eux-mêmes qui associent facilement la présence d'un chercheur à celle d'un contrôleur, et qui ont du mal à accueillir un étranger à leur domicile. On peut alors s'interroger sur la pertinence d'une étude qui n'a finalement permis l'observation de sept assistantes maternelles que dans le cadre des activités au sein de leur association et d'une unique assistante maternelle, Madame A., à son domicile, durant un laps de temps insuffisant, celle-ci étant d'ailleurs qualifiée d'atypique par son positionnement professionnel… Pourtant, on imagine qu'une étude de ce genre menée dans des conditions correctes pourrait apporter bien des réponses : une analyse de nos pratiques au quotidien pour mieux cerner et définir notre rôle conduirait à une meilleure reconnaissance et à une formation enfin adaptée.

Aujourd'hui, après dix ans d'expérience, je me définis comme nounou jusqu'au bout des ongles et professionnelle de la petite enfance en même temps, avec une bonne dose de pragmatisme : chamboule-tout des statistiques, petit rat de laboratoire refusant de tourner en rond, sorte d'électron libre ? Pourquoi vouloir nous faire rentrer dans des cases ? Pourquoi ne pas nous étudier pour louer notre diversité et nous permettre enfin de nous différencier des pratiques en crèche ? Nous proposons un mode d'accueil original qui devrait au contraire être valorisé ; nous devrions être complémentaires des crèches et pas en concurrence. Ce besoin de standardisation ne peut correspondre à la réalité : notre

5. « L'activité des professionnelles de la petite enfance », *Dossier d'études*, n° 145, octobre 2011, Caf.

diversité est une richesse et une force, et c'est ce qui fait entre autres l'originalité de ce mode d'accueil. Les parents quant à eux sont aussi divers et variés que nous, et doivent surtout avoir le choix du mode d'accueil de leur enfant et de la personne à qui ils vont le confier !

Chapitre II

Être ou ne pas être assistant maternel

Le premier pas vers ce beau métier, c'est la demande d'agrément. Nous nous sommes renseignés auprès du Conseil général dont nous dépendons, nous sommes allés à la réunion d'information préalable, puis un beau jour, nous recevons le formulaire Cerfa n° 13394*02 à remplir… Ce document servira de base à l'entretien d'évaluation avec la personne envoyée par la PMI pour décider si oui ou non, nous obtiendrons le fameux sésame ! Alors, un peu de concentration car notre avenir professionnel dépendra des bonnes réponses.

Demande d'agrément d'assistant(e) maternel(le)

☐ Première demande
☐ Renouvellement
☐ Exercice en maison d'assistant maternel

1. État civil et situation familiale

Candidat : M. ☐ Mme ☐
Nom : Il ne vous dira rien. Je suis une assistante maternelle lambda parmi les quelque 426 400 assistants maternels en France[6].
Prénom : Très marqué années soixante…

6. Environ un tiers des enfants de moins de 3 ans dont les deux parents travaillent sont accueillis par un des 426 400 assistants maternels agréés, « Quel avenir pour l'accueil des enfants ? », *La note d'analyse,* n° 257, janvier 2012, Centre d'analyse stratégique.

Adresse du domicile : Si vous avez la chance d'en avoir une, surtout ne changez rien !
Date de naissance : C'est indiscret.
Lieu de naissance : Paris.
Nom et prénom de votre père : D'origine basque espagnole.
Nom et prénom de votre mère : D'origine russe polonaise.

Numéro de téléphone domicile : Très important le téléphone : c'est un outil indispensable de notre profession. Le référentiel stipule qu'il doit être en bon état de marche afin de pouvoir appeler et être joint en cas d'urgence, à tout moment de la journée. Les coordonnées des parents et les numéros d'appel d'urgence doivent être facilement consultables. Pour avoir déjà dû appeler le 15 plusieurs fois, je confirme ! Et pour les angoissés, près du téléphone, il n'est pas inutile d'avoir une fiche avec les gestes de premiers secours : dans la panique, ce pense-bête bien en vue ne sera pas superflu !

Conjoint : Sans objet.

Vos enfants : Ah, les enfants ! Ils sont quatre, de jeunes adultes maintenant. Deux filles, deux garçons. Ses enfants, on les aime plus que tout au monde et on s'inquiète toujours pour eux. Vous connaissez l'expression « petits enfants, petits soucis, grands enfants, grands soucis » ? Car c'est bien difficile d'être jeune aujourd'hui : études, petits boulots, stages non rémunérés, période de chômage peut-être. Bienheureux ceux qui se sont bien intégrés dans le système scolaire, ont pu choisir une voie qui leur convient et se sont insérés dans le monde du travail sans difficulté avec des perspectives d'avenir épanouissantes : vous en connaissez beaucoup ? Ce sont sans doute toutes ces angoisses quant à l'avenir de leurs enfants qui font que les jeunes parents aujourd'hui sont de plus en plus exigeants en matière d'apprentissage précoce. Mais laissons donc les enfants être des enfants ! Vouloir les préparer aux grandes écoles dès l'âge de 6 mois, n'est-ce pas un peu prématuré ?

Personnes majeures à votre domicile : La petite dernière… Fournir un extrait de casier judiciaire n° 3.

2. Autres agréments : Non.

3. Conditions matérielles d'accueil

Lieu d'exercice : Domicile ☐ Maison d'assistant maternel ☐
Pas si facile !

Caractéristiques du lieu d'exercice : La description détaillée de votre logement (maison ou appartement, étage, ascenseur, nombre de mètres carrés et de pièces, année de construction, location ou achat…) peut paraître un peu surprenant au premier abord. Mais la décision d'agrément est en grande partie liée au lieu d'exercice : le domicile. Et surtout, surtout à sa mise en sécurité : avez-vous déjà repéré d'éventuels dangers et proposez-vous certains aménagements ? Si vous logez dans une magnifique yourte, une cabane romantique au fond du jardin, ou une jolie maison au bord d'un étang, oubliez vite votre projet !

Transport : disposez-vous d'un véhicule dans lequel vous envisagez de transporter les enfants accueillis ? Précisez : Toute sortie se fait sous notre entière responsabilité : pensez prévoyance et assurance !

Dans le cadre d'une première demande d'agrément

4. Formation, expérience et situation professionnelles

Précisez votre niveau d'études :

« Le public des assistants maternels est hétérogène scolairement (personnes illettrées à bac + 5), socialement et culturellement. »[7]

Précisez votre qualification professionnelle ou si vous avez suivi des stages de formation :

Les assistants maternels viennent de tous horizons professionnels ! De la mère de famille nombreuse ayant décidé de continuer à exercer ses multiples talents auprès d'autres enfants, aux collègues les plus diplômés ayant parfois eu des postes à responsabilités, cadres ou dirigeants d'entreprises.

Précisez vos activités professionnelles antérieures :

« Le plus souvent, les assistants maternels ont déjà travaillé à l'extérieur de leur domicile (56 %). Ils ont donc en général connu une première phase d'activité professionnelle, parfois interrompue par la naissance de leurs enfants, et deviennent assistants maternels lorsque ceux-ci grandissent, au moment où ils sont scolarisés, par exemple. »[8]

Précisez votre situation professionnelle actuelle :

Mon premier fait le taxi tous les jours de la semaine, mais surtout le mercredi ;

Mon deuxième donne des cours de soutien scolaire tous niveaux ;

Mon troisième est en cuisine de six heures du matin à vingt-et-une heures, fait tourner trois machines de linge par jour et repasse des monceaux de vêtements ;

---

7. Bouve C., Sellenet C., *Confier son enfant, L'univers des assistantes maternelles,* Paris, Autrement, 2011, p. 52.
8. *Ibid.,* p. 39.

Mon quatrième se porte volontaire pour toutes les sorties scolaires, kermesses et autres marchés de Noël, pour coudre les costumes de la fête de l'école, couvrir les livres de la bibliothèque, assister aux conseils de classe de la maternelle au collège.

Mon tout est une mère de famille nombreuse.

5. Expérience auprès des enfants

Vous êtes-vous déjà occupé d'enfants (en dehors des vôtres) : oui ☐ non ☐
Si oui, précisez le cadre, les lieux, les dates et durées :

Certains assistants maternels ont le Bafa (Brevet d'aptitude aux fonctions d'animateur), ont été animateurs dans des colonies de vacances, des centres aérés. D'autres ont travaillé en structures d'accueil avec différentes qualifications. Il arrive aussi que certains candidats à l'agrément n'aient aucune autre expérience que celle de leurs propres enfants.

6. Demande d'agrément d'assistant(e) maternel(le)

Comment avez-vous connu cette profession ? Ram ☐ PMI ☐ assistant(e) maternel(le) ☐ Pôle Emploi ☐ autre ☐

Pôle Emploi, oui, parlons-en… Il semblerait depuis quelques années déjà que toutes les jeunes et moins jeunes femmes arrivant dans ces services se voient vanter les mérites du métier d'assistant maternel. Ensuite elles sont vivement incitées à demander l'agrément : après les incitations, viendraient parfois les pressions… Arrivent donc dans les bureaux du Conseil général des demandes d'agrément de candidates nullement intéressées par notre métier. Sans doute l'agrément sera refusé au vu du manque de motivations réelles ou d'un logement inadapté. Néanmoins, il semblerait qu'on retrouve, au moment de la formation, nombre de personnes qui n'ont vraiment rien à y faire. Gageons que leur longévité dans le métier ne sera pas très grande !

Pourquoi souhaitez-vous devenir assistant(e) maternel(le) ?

Nous n'avons que deux lignes et demie pour répondre à cette intéressante question. Pourquoi vouloir devenir assistant maternel, en vérité ? Il va falloir se poser les bonnes questions, s'interroger, s'analyser ; pour autant, entamer une psychothérapie serait exagéré ! Rassurons-nous : un futur facteur serait sans doute en difficulté d'expliquer pourquoi il tient absolument à distribuer nos lettres et paquets, et ce, par tous les temps, même s'il a grand-peur des chiens ! Une apprentie coiffeuse aurait peut-être du mal à définir son attrait pour nos cheveux qu'elle rêve de couper, debout durant de longues heures dans les vapeurs pénétrantes de produits cosmétiques.

Que veulent donc entendre les services de PMI ?

« Pour avoir un salaire » serait très malvenu. Non, non ! Un assistant maternel se doit d'avoir des motivations nobles, altruistes, exemptes de mercantilisme. Son dévouement quasi bénévole[9] en est la preuve. Car si salaire il y a, c'est au prix d'une grande amplitude horaire et nous ne deviendrons jamais riches !

De même, « par amour des enfants » pourrait paraître un peu niais et dangereusement suspect ; cet amour des enfants ne dénote-t-il pas une quelconque pulsion malsaine et condamnable ? Attention à ne pas trop aimer ces enfants qui ne sont pas les nôtres. Autrement, c'est peut-être là qu'interviendra le psychothérapeute… Et même si vous pouvez effectivement passer des heures à observer un bébé et à vous émerveiller de ses compétences, même si vous préférez discuter avec un enfant de 4 ans qu'avec nombre d'adultes, croyez-moi, n'en faites pas trop étalage ; en général, c'est assez mal perçu ! L'émerveillement, l'amour, l'empathie, la générosité ne sont pas des valeurs à la mode.

Bien sûr, il y aurait bien les motivations éducatives. Mais oserons-nous en parler ? Nous présenter comme des éducateurs,

9. Smic horaire net, janvier 2012 : 2,01 €/heure et 1,97 €/heure en Alsace-Moselle.

ne serait-ce pas un peu présomptueux ? En avons-nous la légitimité alors que notre formation bien trop succincte ne nous y prépare guère ? Et pourtant, si l'assistant maternel n'est certes pas considéré comme un pédagogue, « il participe aux trois premières années du développement de l'enfant, à un moment majeur de l'apprentissage des premières règles sociales, de l'émergence du langage et de la pensée »[10]. Vouloir participer au développement de l'enfant en tant que co-éducateurs, que pensez-vous de cette motivation ?

Quelles sont les qualités qui vous semblent essentielles pour l'exercice de cette profession ?

Là encore, nous n'avons que deux lignes et demie, pourtant quel sujet ! Notre métier est très ancien et à travers le temps, les qualités exigées d'une nourrice n'ont pas toujours été les mêmes : depuis l'invention du lait maternisé, pour notre plus grand soulagement, la palpation de nos rondeurs n'est plus à l'ordre du jour. Non, on ne tâte plus, on ne soupèse plus, on n'examine plus les dents ni le reste ; une visite médicale sera tout de même nécessaire, vestige d'un temps ancien ? Mais la qualité de notre lait, ni trop, ni pas assez sucré, nos origines géographiques (nous savons bien que les meilleures nourrices étaient bretonnes) ou la couleur de nos cheveux n'entrent plus en ligne de compte.

Pour les parents qui cherchent la perle rare, la principale qualité d'un assistant maternel serait selon moi, à 99 %, un coût raisonnable. Et c'est bien naturel, car faire garder son enfant représente un budget non négligeable. Nous proposons un service qui a un prix et la concurrence sur ce marché est aussi présente. Si pour l'assistant maternel, il est difficile d'arriver à un salaire décent, pour les parents, c'est en général un sacrifice financier. Mais là encore, comment parler d'argent ? C'est vraiment embarrassant. Pourtant, une chose est certaine, quand un conflit éclate,

10. Sellenet C., *Les assistantes maternelles : de la garde à l'accueil éducatif*, Paris, L'Harmattan, 2006, p. 57.

l'argent est souvent au cœur du problème : heures supplémentaires, congés payés, absences de l'enfant…

Les parents à la recherche de la nounou idéale demandent qu'elle soit plutôt « attentive, affectueuse, tendre, gentille, douce. Elle doit en outre savoir communiquer, être accueillante, relationnelle, faire preuve d'ouverture d'esprit. Viennent ensuite l'honnêteté, le sérieux. »[11] Et la liste est encore longue… car ce que les parents cherchent, c'est une personne exemplaire, sans défaut, totalement disponible et entièrement dévouée à leur enfant. Point dans cette liste de savoirs acquis, mais plutôt des qualités humaines et personnelles.

Mais toutes ces qualités, au final, s'effacent devant une valeur primordiale : la confiance. Pilier de la relation entre les parents et l'assistant maternel, elle n'est ni affaire de compétences, ni de critères objectifs. Considérons ces petits atomes crochus : ils vont permettre de s'apprécier mutuellement et de s'accorder sur la même partition. Car les assistants maternels choisissent aussi leurs parents-employeurs selon des critères qui leur sont propres. C'est l'histoire d'une rencontre entre des adultes qui se choisissent mutuellement, avec pour objectif le bien-être d'un enfant. Dans l'idéal, bien sûr...

Pour les services de PMI, les choses sont claires, ou presque. Trois objectifs sont à atteindre pour obtenir l'agrément : la sécurité et la santé de l'enfant d'une part. Pour y parvenir, certains critères sont clairement définis au niveau national – comme le tabagisme ou les chiens dangereux –, et d'autres demeurent très subjectifs. On observe des dérives concernant la recherche désespérée du risque zéro, et la lutte obsessionnelle contre le moindre microbe. Le seuil de tolérance de chacun peut s'avérer très variable ! Mais pour obtenir le label du bon assistant maternel, le troisième objectif a trait aux compétences éducatives du candidat et à l'épanouissement de l'enfant. L'intervenant de la PMI jugera

11. Sellenet C., *Les assistantes maternelles : de la garde à l'accueil éducatif*, Paris, L'Harmattan, 2006, p. 57.

en fonction de son approche de l'éducation, là encore de manière totalement subjective…

Avez-vous parlé de votre projet à votre conjoint et à vos enfants ? oui ☐ non ☐

À n'en pas douter, les enfants que nous accueillons prennent une place importante dans nos vies et ne passeront pas inaperçus chez nous ! L'adhésion de la famille entière à ce projet est indispensable. Beaucoup de jeunes collègues choisissent ce métier en pensant pouvoir allier vie familiale et vie professionnelle : or, nous consacrons de très longues heures aux enfants que nous accueillons, au détriment quelquefois des nôtres et de notre propre famille, il faut le savoir. À méditer !

Avez-vous participé à une réunion d'information organisée par le Conseil général ? oui ☐ non ☐

Une controverse semble exister concernant l'utilité de cette réunion jugée indispensable par le Conseil général et citée de nombreuses fois dans le référentiel comme preuve de bonne volonté et de motivation des candidats. Les assistants maternels en général sont plus circonspects… Ils ressentent parfois cette réunion comme la présentation d'une liste quasi exhaustive de tous les dangers et difficultés rencontrés dans la pratique de ce métier. Cœurs sensibles, s'accrocher ! La séquence « mort du nourrisson » en affolerait plus d'un, car bien sûr, c'est notre plus grande crainte à tous. Certains, qui au final auraient peut-être fait d'excellents assistants maternels, sortent de cette réunion découragés et renoncent à leur projet. C'est donc une sorte de présélection par la peur qui s'opère à cet endroit, non ?

L'information qui vous a été communiquée vous paraît-elle suffisante ? oui ☐ non ☐

Comment pourrait-elle l'être ? Cerner toute la complexité de notre métier en une seule réunion, quel objectif !

Quelles sont vos autres interrogations ?

Sans doute beaucoup de questions restent informulées. D'où peut-être l'utilité de faire d'abord une formation et d'obtenir ensuite un agrément, et pas l'inverse...

Pour combien de places d'accueil faites-vous la demande ?

« Si toutes les conditions sont réunies, l'agrément peut d'emblée être accordé pour l'accueil de trois enfants, en étudiant la possibilité de le faire évoluer vers quatre enfants et en l'assortissant d'une visite de contrôle rapprochée après l'agrément. » Ce vœu pieux, inscrit dans le référentiel, ne reflète en aucune façon la réalité. Dans les faits, les assistants maternels se voient octroyer en général une unique place d'agrément la première année pour un « enfant test », ce qui financièrement est très dissuasif. On reste dans l'idée aujourd'hui largement démentie que l'assistant maternel travaille pour gagner de l'argent de poche !

Seriez-vous prêt(e) à accueillir des enfants présentant un handicap ou un trouble invalidant de santé ? oui ☐ non ☐

Attention aux formations et suivis proposés…

Seriez-vous prêt(e) à accueillir des enfants en horaires atypiques ? oui ☐ non ☐

Accepter un contrat à horaires atypiques, c'est l'assumer sur plusieurs années. Commencer tôt le matin et finir tard le soir, est-ce vraiment envisageable sur le long terme ? Travailler le samedi et le dimanche, est-ce vraiment ce que nous souhaitons ? Accueillir de nuit ? Attention à protéger notre vie familiale et notre vie privée. Attention au surmenage. Les assistants maternels aussi peuvent être sujets au *burn-out* !

Dans le cadre d'une demande de renouvellement

7. Votre activité depuis votre précédente demande d'agrément et votre situation actuelle

Combien d'enfants êtes-vous autorisé(e) à accueillir simultanément dans le cadre de votre agrément actuel ? Accueillez-vous actuellement des enfants ? Si oui, joindre un planning.

Ah, le planning ! Alors, ce n'est pas si compliqué que ça en a l'air. Il y a les places d'agrément et le nombre d'enfants : par exemple, vous avez deux places d'agrément, et vous pouvez accueillir quatre enfants à mi-temps. Maëlle et Jérémy le matin, Valentin et Laure l'après-midi, et éventuellement un cinquième le mercredi si l'un d'eux ne vient pas. Deux places d'agrément, mais cinq enfants, le tout étant qu'il n'y ait que deux enfants accueillis simultanément chez vous, vous voyez ? Bon, c'est vrai, c'est rare que tout s'imbrique aussi bien, mais en théorie…

Votre (vos) employeur(s) actuel(s) est (sont) :
☐ une crèche familiale
☐ des particuliers
☐ autre, précisez :

Les assistants maternels en crèche familiale sont employés des municipalités ou plus rarement d'associations. Ils travaillent à leur domicile, en lien direct et avec un accompagnement accru de la PMI et se rendent régulièrement dans les locaux de la crèche familiale. Ce service d'accueil est amené à disparaître par manque de financement. Salariés d'une collectivité, ils n'ont plus de liens contractuels avec les parents, ce qui pour certains est un soulagement. Pour d'autres, la crèche familiale représente au contraire trop de contraintes : absence de choix sur les horaires, les parents, contrôles continuels et règlement intérieur parfois draconien, rémunération peut-être encore moins attractive.

Combien d'enfants avez-vous accueillis pendant les cinq dernières années ?

… petit travail de mémoire ! On fouille parmi les anciens contrats, on note les dates, on se souvient des prénoms et des visages. Une collègue, à quelques mois de la retraite, disait récemment qu'elle envoyait une carte d'anniversaire à tous les « petits » qu'elle avait accueillis lorsqu'ils atteignaient l'âge de 18 ans : si ça ne s'appelle pas créer du lien, ça ! D'autant que le plus âgé de « ses petits » affleurait les 40 ans et qu'ils étaient toujours en contact !

Avez-vous connu des périodes sans accueil d'enfants ou d'activité réduite au regard de votre agrément ? Précisez :

Depuis quelques années, le chômage fait aussi partie de notre quotidien. Comment peut-on l'expliquer alors que toutes les statistiques montrent qu'il manque des centaines de milliers de places d'accueil ? « Différentes personnes auditionnées ont pointé le fait que l'organisation des PMI peut constituer un frein au développement des structures d'accueil du jeune enfant, eu égard à la non-homogénéité des exigences qu'elles opposent, et qui peuvent différer très sensiblement d'un territoire à l'autre. La mise en place d'une standardisation ou d'un socle commun pour homogénéiser les situations sur le territoire correspond à une demande exprimée par les professionnels, sans que cette homogénéisation ne se fasse nécessairement vers la solution la plus coûteuse. »[12] On constate en effet une augmentation alarmante du taux de chômage chez les assistants maternels dans certains secteurs où on n'hésitera pas en parallèle à ouvrir des crèches, tandis que dans d'autres localités, les parents ne bénéficient d'aucun mode de garde !

12. Rapport du Groupe de travail « famille », UMP, 13 juillet 2011, p. 15.

8. Votre formation :

Qui peut sincèrement estimer que quatre semaines de formation initiale, dont deux petites semaines avant d'accueillir les premiers enfants, soient suffisantes ?

9. Votre expérience auprès des enfants

Que vous ont apporté ces cinq ans d'expérience ?

Ces cinq ans d'expérience m'ont confortée dans l'idée que « bien souvent, dans le secteur éducatif et social, on assiste, relativement impuissant, au creusement d'un incroyable fossé entre bon nombre de connaissances solidement acquises et des choix, orientations politiques ou institutionnelles allant dans le sens inverse ! »[13] Parfaitement !

Quelles remarques pouvez-vous faire après cette période ?

Face aux enjeux actuels et aux nouvelles exigences à notre encontre, notre formation est inadaptée et trop succincte. La dérive hygiéniste et sécuritaire pèse sur notre quotidien. Dans ces conditions, il devient de plus en plus difficile de travailler avec sérénité. La paranoïa nous guetterait presque !

Quelles sont les qualités qui vous semblent essentielles dans cette profession ?

La patience. Et encore la patience et toujours la patience !

10. Soutien et accompagnement professionnel

De quel soutien professionnel avez-vous bénéficié, sous quelle forme, par qui ?

Les services de PMI ont une fonction de contrôle, de suivi et d'accompagnement des assistants maternels. En matière de

13. Epstein J., *Comprendre le monde de l'enfant,* Paris, Dunod, 2010, p. 3.

contrôle, ils doivent par exemple vérifier les nouvelles conditions d'accueil après un déménagement, ainsi que lors d'un signalement, c'est à dire « lorsqu'une situation individuelle est susceptible de comporter des conséquences sur le maintien de l'agrément » (art. D.421-36). Dans ce cadre, tout assistant maternel doit s'attendre à un contrôle inopiné.

Concernant le suivi et l'accompagnement, c'est le flou complet et on imagine qu'ils sont pratiqués très différemment d'un département à un autre. L'assistant maternel en difficulté avec un enfant peut demander à être accompagné par la PMI sur un temps donné ; il semble néanmoins difficile d'avouer une difficulté au même service qui peut vous retirer votre agrément… De plus, les missions de la PMI sont très nombreuses et les assistants maternels ont parfois l'impression de déranger. Au final, quel que soit le nom donné aux interventions de la PMI, elles sont vécues en majorité comme des contrôles.

Toutefois, on peut aussi bénéficier de soutien auprès du Ram, pour ceux qui ont la chance d'en avoir un dans leur secteur, de pouvoir y accéder et d'avoir confiance dans les compétences et la discrétion de l'animateur/trice.

Quelles sont vos attentes pour l'avenir ?

La création d'un numéro d'urgence anonyme où l'on pourrait confier les petits et grands soucis de notre quotidien d'assistant maternel : « SOS Nounou en détresse » ? Un soutien psychologique. La création de groupe de parole. Des informations régulières du Conseil général concernant les nouvelles lois, décrets, circulaires et réglementations. Des consignes claires et précises concernant la sécurité, par exemple.

11. Votre demande de renouvellement d'agrément d'assistant(e) maternel(le)

Seriez-vous prêt(e) à accueillir des enfants présentant un handicap ou un trouble invalidant de la santé ? oui ☐ non ☐
Pas sans formation, ni soutien.

Seriez-vous prêt(e) à accueillir des enfants en horaires atypiques ? oui ☐ non ☐

À voir… Il est notamment interdit de dépasser les treize heures d'accueil continu ; un repos de onze heures est obligatoire. Mais qui peut garantir la qualité de l'accueil sur de si longues plages horaires ? Commencer plus tôt le matin avec un des enfants, impliquerait de terminer plus tôt avec tous...

Pour combien de places d'accueil faites-vous votre demande de renouvellement ?

« Est-ce bien raisonnable d'accueillir simultanément quatre enfants, âgés de 0 à 2 ans ?
Est-ce bien raisonnable de ne plus pouvoir se déplacer, pour aller au Ram par exemple ?
Est-ce bien raisonnable de devoir les faire patienter au moment du repas quand le biberon d'Anaëlle tombe en même temps que le déjeuner d'Amaury ?
Est-ce bien raisonnable de ne plus pouvoir aller se promener dans la campagne environnante (une poussette triple serait un investissement trop important) ?
Est-ce bien raisonnable de devoir diminuer le temps consacré aux activités manuelles ?
Est-ce bien raisonnable de terminer ses journées aussi fatiguée et énervée ?

À toutes ces questions, je répondrai « non » sans hésitation [...] Et je conseille vivement à mes collègues de bien réfléchir avant d'accepter d'accueillir quatre enfants, pour ne pas avoir cette impression désagréable qu'à trop vouloir en faire, on ne fait rien correctement... »[14]

Déclaration sur l'honneur

Je certifie sur l'honneur l'exactitude des renseignements portés dans le présent formulaire.

F. N.

14. Desgranges I., « Quatre agréments : est-ce bien raisonnable ? », *Assistantes Maternelles Magazines*, n° 81, juillet-août 2011, p. 25.

Chapitre III

Agrément, mode d'emploi

Alors, on continue ? On ne s'est pas laissé décourager ? Les deux premières étapes ont été franchies avec succès : nous avons assisté à la réunion d'information où nous avons tout appris des dangers potentiels qui nous guettent sans trop nous émouvoir, nous avons rempli le formulaire Cerfa sans oublier aucune case ni aucune ligne, et nous attendons maintenant la visite de la PMI, une puéricultrice sans doute, qui va venir visiter notre logement et s'entretenir avec nous de nos motivations et évaluer nos connaissances concernant les enfants. Un entretien d'embauche, en quelque sorte !

Nous sommes un peu inquiets bien sûr, car de cette visite va dépendre l'aboutissement de notre projet. Une seule visite, peut-être deux, pour faire bonne impression, pour convaincre. Un seul interlocuteur, avec ses propres exigences, ses propres références et ses convictions. On nous a bien parlé d'un référentiel, mais est-il vraiment utilisé ? Pourtant, nous sommes confiants ; tant d'autres assistants maternels ont obtenu ce sésame avant nous, alors pourquoi s'inquiéter, hein ? Allez, on verra bien…

Aline se souvient avec émotion : « j'avais passé le week-end à tout nettoyer, un vrai ménage de printemps ! On m'avait laissé entendre que l'hygiène était primordiale pour faire bonne impression auprès de la puéricultrice, alors j'ai vidé deux bouteilles de Javel© ! Quand elle a appelé pour prendre rendez-vous, elle m'a paru sympathique au téléphone, j'étais un peu plus rassurée. Ce qui est difficile, c'est qu'on ne sait pas exactement ce qu'on attend de nous, en fait ! Il faut que la maison soit propre, sécurisée, mais ce n'est pas comme avec nos propres enfants, alors comment savoir ? Cette maison, nous l'avons achetée il y a quelques années déjà, après la naissance des enfants. Le quartier est sympa, l'impasse n'est pas très fréquentée, alors c'est calme. Et puis surtout, il y a le parc pas loin ; pour se promener avec les enfants, c'est idéal. Bref, la puéricultrice avait pris rendez-vous pour le lundi à dix heures et donc, la maison sentait la Javel© et brillait de partout. Là-dessus, le dimanche après-midi, le jour d'avant donc, j'entends des coups bizarres du côté des voisins, comme des coups de hache... alors, je sors pour voir ce qui se passe et je vois notre voisin en train d'arracher toute la haie de thuyas qui séparait nos deux parcelles. Bien sûr j'accours aux nouvelles et il m'annonce très gentiment qu'il a décidé d'enlever la haie pour construire un mur à la place. Ça fera plus propre, qu'il m'explique. Mon sang n'a fait qu'un tour, parce que ça, ils nous l'ont bien précisé à la réunion d'information, le terrain doit être clos, impérativement, pour ne pas que les petits s'échappent. Alors, je lui demande quand est-ce qu'il compte le construire son mur, parce que du coup, mon terrain n'est plus clos et ça, ce n'est pas possible avec la puéricultrice qui passe le lendemain. Mais lui aussi, il a ses impératifs, comme l'ouverture de la chasse qu'il ne peut pas rater, ni lui ni ses cousins qui vont l'aider à construire son mur « parce qu'un mur ma bonne dame, ça se construit pas tout seul ! », et donc le mur, eh bien, ça passera après la chasse... Et tout ça risque bien de prendre un mois ou deux, parce que les cousins, il ne faut pas les brusquer. C'est la catastrophe ! Devant mon air désespéré, il comprend que quelque chose ne va pas. Non pas que je pleure les thuyas, non, ça c'était vraiment le cadet de mes soucis, mais comment expliquer à la puéricultrice que le terrain clos la veille ne l'est plus lundi à dix heures ? Finalement, il est d'accord pour faire un geste, « parce qu'entre voisins, il faut se serrer les coudes », alors il va me mettre un grillage provisoire, mais bon, comme il dit, après l'ouverture de la chasse, parce qu'avant ce ne sera pas possible. J'ai donc dû expliquer tout ça à la puéricultrice le lendemain et elle s'est montrée très compréhensive, parce que son mari aussi était chasseur, alors ce genre de priorité, elle connaissait ! Dès que le grillage a été mis, elle est repassée pour s'assurer que le terrain était bien sécurisé et j'ai eu le feu vert ! »

Et c'est une autre mésaventure qui est arrivée à Odile ; elle nous raconte : « nous avons eu beaucoup de mal à trouver un logement en arrivant de Paris. C'était très compliqué, parce que j'avais déjà commencé les démarches pour devenir assistante maternelle, donc tout en cherchant un appartement, j'avais aussi ce projet en tête et à chaque visite je me disais « oui, mais, est-ce que ce logement conviendra pour travailler avec des petits à domicile ? » À la réunion d'information, on nous avait dit que certaines PMI refusaient les appartements en étages, ou les balcons. Et puis il fallait des espaces verts, quand même, pour les enfants ; une petite aire de jeux en bas des immeubles, ça me semblait idéal. Bon, donc, tout ça, ça compliquait bien la recherche d'un logement, parce que déjà, c'était vraiment difficile à cause de toutes les garanties que les agences demandaient et le budget qu'on devait respecter. Alors finalement, on a trouvé un appartement qui semblait très bien convenir. L'école n'était pas très éloignée, ce qui était formidable aussi pour mes propres enfants. Il faut bien préciser qu'on a visité cet appartement un samedi, c'est important pour la suite. Et donc, on visite et on signe le même jour, parce qu'il fallait qu'on remonte sur Paris préparer le déménagement. On a fait un tour dans le quartier, on a repéré l'école, les commerces et on est rentrés chez nous très contents et impatients de partir habiter dans le sud.

Le jour même du déménagement, un jeudi, je me souviens, quand on est arrivé sur place, on a cru que la guerre était déclarée ! Des hélicoptères passaient et repassaient au-dessus de l'immeuble, en rase-motte, par groupe de cinq, toute la journée. Et une partie de la nuit aussi. En fait, on habitait à quelques centaines de mètres d'un aérodrome où ils formaient des pilotes d'hélicoptères pour toute la France ! Un centre de formation et personne ne nous a rien dit ; c'est après qu'on a compris pourquoi le loyer était relativement modeste ! Quand les fenêtres étaient ouvertes, on ne s'entendait plus parler. Quand je téléphonais, on me demandait si j'appelais de Bagdad ! Je suis allée voir mes voisins pour savoir ce qui se passait, si c'était tout le temps comme ça, combien de semaines de formation il y avait par mois, combien de vols de nuit, et surtout comment ils faisaient, eux, pour supporter ce vacarme ! Je me demandais même si c'était bien légal tout ça, je veux dire, des hélicoptères qui passent juste au dessus de zones d'habitations, à longueur de temps, quand même, ce n'est pas possible ! Du coup, eh bien, on s'est installé et on s'est remis à chercher un autre appartement. J'ai demandé un délai à la PMI, parce que comme ça ce n'était même pas la peine, la puéricultrice, elle ne serait pas restée dix minutes. Une nuisance pareille, c'était inconcevable. Impossible de travailler toute la journée à la maison avec des petits : à l'aire de jeux, il n'y avait jamais personne parce qu'on ne pouvait pas rester dehors. La PMI m'a accordé un délai et je les ai recontactés quand j'ai trouvé un autre appartement plus calme. »

Et pour finir, c'est Françoise qui nous parle de la visite de la puéricultrice : « alors chez moi, la puéricultrice est venue deux fois deux heures. Elle avait une liste de questions interminables et absolument tous les sujets de la vie quotidienne ont été abordés. J'étais quand même un peu surprise par une enquête aussi scrupuleuse, parce qu'en rencontrant d'autres personnes qui étaient comme moi à la réunion d'information, elles m'avaient dit que l'assistant social était resté un quart d'heure chez l'une et n'avait même pas regardé l'extérieur, et pour l'autre, ça avait duré une heure et l'entretien avait surtout porté sur les animaux de compagnie... Mais il semblait que cette puéricultrice-là prenait vraiment son travail très à cœur. Lors de la première visite, elle avait inspecté la maison dans tous les recoins et elle avait bien insisté sur le fait que je devais absolument respecter la vie privée de mes enfants et qu'en leur imposant un lit en plus dans chaque chambre, j'empiétais sur leur territoire et que ça, je ne devais jamais l'oublier. C'est vrai que du coup, j'y ai réfléchi et je me suis demandée comment faisaient les autres nounous, est-ce qu'elles avaient des chambres à part pour les petits ? Ensuite elle a inspecté le jardin : elle m'a dit qu'il faudrait des fondations pour la balançoire, parce que là, elle n'était pas assez sécurisée et fermer l'escalier de la cave. Donc le week-end suivant, mon mari a coulé du béton pour fixer les pieds de la balançoire et fabriqué un portillon pour l'escalier de la cave. Elle a aussi demandé qu'on mette des barrières partout, autour de la terrasse, pour séparer le jardin de l'allée où roulaient nos voitures, et pour séparer le jardin en deux, parce qu'elle le trouvait trop grand et que si les enfants s'éloignaient trop, je ne les aurais plus à l'œil. Ça représentait quand même un budget toutes ces barrières et à l'époque il n'y avait aucune aide.

La deuxième fois, elle a ri en voyant les barrières et elle m'a dit : « vous auriez pu mettre du grillage, c'est moins cher ! » sauf que nous aussi, on habite là et qu'on n'avait aucune envie d'être entourés de grillage… il manquerait plus que le mirador ! Alors, on a continué l'entretien, encore deux heures. Elle voulait savoir ce que je ferais dans telle ou telle situation d'urgence, avec plein de cas concrets. Elle voulait connaître mon seuil de tolérance concernant les autres religions, les autres cultures, les autres façons de se nourrir, etc. Et puis là, elle m'a posé une question, presque à la fin : « comment réagiriez-vous si l'un des petits que vous accueillez commence à se tripoter sur votre canapé ? » J'avoue que j'en suis restée bouche bée et que je ne savais pas quoi répondre, même si j'ai quatre enfants et que j'ai déjà vécu pas mal d'expériences avec eux ou avec d'autres... Alors, je lui ai dit que je ne savais pas et elle a semblé vraiment choquée ! Elle m'a répondu : « vous n'avez vraiment aucune notion concernant la sexualité enfantine ? » Encore aujourd'hui je me demande quelle était la bonne réponse parce qu'en formation, on n'a pas abordé ce sujet du tout et je n'ai pas osé poser la question… Mais bon, quand même, dans l'ensemble, ça c'est bien passé et j'ai eu l'agrément. »

De nombreux assistants maternels sont en maison, ce qui semble apporter un plus ; plus d'espace, plus de tranquillité, la présence d'un jardin par exemple, d'une petite aire de jeux peut-être. Mais attention aux graviers dans l'allée, aux rosiers et autres lauriers roses, aux piscines, aux balançoires… Finalement, l'exercice en appartement serait-il plus aisé ? Là encore attention aux balcons, aux escaliers. À quel étage se situe l'appartement ? Comment allez-vous sortir avec les enfants ? L'ascenseur est-il accessible à une poussette double ? Les quelques marches en bas de l'immeuble vont-elles vous causer du souci avec les enfants et la poussette ? Eh oui, il faut penser à tout !

Et vos voisins, seront-ils vraiment ravis d'être réveillés à sept heures tous les matins par les pleurs du bébé ? Bien sûr, eux aussi ont des enfants qui font des colères, mais le bruit occasionné par les petits, c'est tout de même un stress permanent. Les allées et venues des parents dans les couloirs risquent-elles de déranger, surtout en horaires atypiques ? Où se gareront-ils ; l'accès au parking visiteurs, s'il y en a un, se fait-il aisément ? Alors quoi, finalement, la maison ? Là aussi, il faudra que les parents puissent se garer à toute heure du jour, sans avoir à marcher dix minutes pour venir nous déposer Bébé. Et puis, attention à l'escalier qui monte aux chambres, à la cuisine qui est peut-être ouverte et non sécurisée, aux cheminées… Parfois il faudra prévoir de nombreux aménagements, des travaux même. Notons qu'un prêt à taux zéro peut être octroyé depuis 2009 pour l'amélioration du logement.

La maison, c'est le lieu de tous les dangers ! C'est pourtant là que nous habitons, avec notre famille, nos animaux de compagnie éventuellement, le lieu où nous travaillons aussi, où nous accueillons les enfants. C'est bien naturel pour un accueil de type familial, mais c'est aussi ce qui occasionne bien des soucis quant à la distinction entre vie professionnelle et vie privée. Ce fait divers concernant une assistante maternelle portant plainte contre des parents inquiets qui avaient placé une caméra dans la peluche de leur bébé de 7 mois, comparaissant au tribunal le 12 janvier 2012, le démontre bien. L'avocat des parents, Maître Béatrice Bertrand s'indigne : « mais quel est le plus important, l'atteinte à la vie privée ou à la sécurité de l'enfant ? »[15] Il est évident que la sécurité des enfants doit rester notre priorité, mais l'assistant maternel, lorsqu'il travaille à son domicile est-il sur un lieu privé ou professionnel ?

Pour preuve également le débat actuel concernant le droit de visite durant l'accueil des enfants car « l'agrément et la visite domiciliaire qui accompagne la procédure de délivrance de l'agrément n'a pas vocation à contraindre celui qui la demande à rester cloîtré à son domicile pendant toute la durée de l'accueil. »[16] Nous avons donc le droit de sortir en promenade, d'emmener les enfants aux parcs, à la ludothèque, à la médiathèque, mais avons nous le droit de rendre visite à une collègue ? Avons-nous le droit de recevoir de la visite à notre domicile ? Il semblerait bien que rien ne nous l'interdise formellement tant que la sécurité des enfants n'est pas menacée. On joue là sur la notion de surveillance constante : recevoir de la visite peut laisser entendre que nous ne surveillions plus de manière assidue les petits, notre attention étant momentanément détournée. Donc, dans certains secteurs, on exige que l'assistant maternel ne voie personne durant son temps de travail, ni famille, ni amis, ni collègues.

Pour moi, notre domicile est un lieu semi-privé. Les parents-employeurs vont entrer et sortir à longueur de temps et il ne sera

15. Battegay A., « J'ai installé la vidéo surveillance avant d'embaucher ma nounou », *Le Figaro,* 6 mars 2012.
16. Nadjar S., « La PMI ne peut pas tout contrôler : une question de bon sens », *Assistantes Maternelles Magazine,* n° 80, juin 2011, p. 27.

pas inutile de prévoir, si possible, un « sas » d'accueil pour préserver un peu d'intimité. Certains se montreront discrets et nous leur en serons reconnaissants, d'autres seront plus intrusifs et nous aurons l'impression de vivre constamment sous leur regard. Et les services de PMI peuvent à tout moment effectuer des contrôles ; c'est une épée de Damoclès au dessus de la tête, car les exigences des différents personnels sont imprévisibles et aléatoires. Ce qui a été demandé lors de l'agrément peut ne pas sembler suffisant à une deuxième personne qui va exiger de nouveaux aménagements. Quant à la troisième, elle a ses propres critères et pourra voir des dangers là où les deux autres n'ont rien vu… La sécurité à l'intérieur et à l'extérieur du domicile est vraiment l'élément clef de notre métier !

Et il est devenu si difficile de se loger aujourd'hui, encore plus depuis ces dernières années[17]. Dix millions de personnes sont aujourd'hui touchées par la crise du logement, surtout les jeunes et les femmes seules avec enfants[18]. Pour les assistants maternels qui travaillent à leur domicile, s'ils sont seuls, célibataires, divorcés ou veufs, pour eux aussi, la précarité n'est jamais bien loin car le logement et le travail sont intimement liés. Avec un salaire moyen, impossible d'accéder au parc locatif privé et postuler pour un logement social, c'est s'inscrire sur une longue liste d'attente… Alors, on cherche un studio qui correspondrait à nos revenus ? Impossible car pour pouvoir accueillir des enfants, le logement doit comporter suffisamment de mètres carrés et de chambres pour obtenir l'agrément. Et être salubre. Et ne pas exposer les enfants à de potentiels dangers.

Les agences locatives, seuls maîtres à bord, détiennent tous les pouvoirs. Et elles en abusent bien souvent. « Assistante maternelle ? Vous travaillez dans une école maternelle ? » heu… Non,

17. Loi n° 2009-323 du 25 mars 2009 de mobilisation pour le logement et la lutte contre l'exclusion.
18. 17e rapport annuel de la Fondation Abbé Pierre sur l'état du mal-logement en France.

chez moi. Tut, tut, tut… M'aurait-on raccroché au nez ? « Vous êtes en CDI ? » Ça oui, ouf ! Mais, j'ai des employeurs multiples. Tut, tut, tut… « Vous pourriez venir visiter vendredi soir ? J'organise une visite groupée : mais il y a déjà quinze inscrits ! » Tut, tut, tut… « Combien gagne votre conjoint ? Pas de conjoint ? » Tut, tut, tut... « À combien se montent vos revenus ? C'est tout ? Et une collocation, vous y avez déjà pensé ? »…

Ne désespérez pas : une agence a décidé de vous faire confiance. Sans doute un ancien parent-employeur qui a gardé de bons souvenirs de sa nounou ! Vous montez un dossier, en apportant bien tous les éléments de votre vie privée : ils sauront tout de vous, aucune place à la pudeur. À vrai dire, il ne manque que le test ADN ou l'analyse d'urine ! Attention certaines agences refusent de considérer les attestations Pajemploi comme des fiches de paie, d'autres ne veulent pas comprendre notre système de calcul du revenu imposable, le montant des attestations ne correspondant pas à la déclaration de revenus. Toutes les explications du monde n'y feront rien, on vous indiquera la sortie !

Finalement, le dossier est déposé à l'agence. Quelques jours de suspense : dossier refusé par l'assurance du bailleur ou accepté si l'on peut produire assez de garanties, et c'est pile ou face. Reste que pour un assistant maternel aux revenus modestes, se loger relève du parcours du combattant ! Travailler au domicile, c'est tout remettre en question à chaque déménagement. Une fois le nouveau logement trouvé et aménagé, la visite de la puéricultrice de la PMI sera nécessaire avant de reprendre le travail : l'agrément reste valable même en cas de changement de département, mais elle viendra vérifier si les conditions d'accueil correspondent aux normes en vigueur dans son secteur et à ses propres attentes en matière de sécurité.

L'entretien, que ce soit pour l'agrément initial ou lors du renouvellement, portera sur des sujets aussi divers que variés car il s'agit surtout, selon le référentiel, *d'apprécier la capacité du candidat à prendre en compte les attentes éducatives des parents ainsi que les conseils des services de PMI dans le domaine de la petite enfance.* Il est bien évident qu'une décision collégiale éviterait abus et injustices, et ferait porter moins de responsabilités sur une seule personne : si l'évaluation et la prise de décision émanaient d'un éducateur de jeunes enfants, d'un assistant social, d'une puéricultrice, chacun avec sa vision de la petite enfance et ses exigences, l'agrément aurait une tout autre valeur. Or aujourd'hui, c'est presque uniquement la sécurité qui est au cœur de l'évaluation, car c'est un élément bien visible avec des critères relativement précis, au détriment des compétences éducatives, bien plus difficiles à cerner en un seul entretien.

Or « veiller à la sécurité des enfants n'est pas leur inculquer la peur ou l'interdiction d'agir. C'est aider l'enfant à apprécier les dangers. »[19] Notre travail, qui consiste à accompagner les enfants durant leurs premières années de vie, à les regarder grandir, explorer leur environnement, tester leurs limites, comment peut-il se faire entourer de barrières et autres garde-fous destinés à rassurer les adultes ? « Assurer la sécurité d'un enfant c'est avant tout lui donner les moyens, progressivement, de se protéger lui-même. »[20] Difficile de partir à la découverte du monde dans dix mètres carrés de jardin où plantes et cailloux bien trop dangereux ont disparu ! Comment grandir et s'épanouir dans un monde où chaque possibilité de jeux est programmée à l'avance, pour éviter tout danger ? La sécurité est érigée en unique valeur sure de l'accueil chez l'assistant maternel. Mais comment pouvons-nous concilier l'obligation de résultat en matière de sécurité et la nécessaire liberté de découverte chez l'enfant ?

19. Giampino S., « Confier ses enfants : qualité, liberté, priorité », *in* P. Ben Soussan (sld.), *Le livre noir de l'accueil de la petite enfance,* Paris, Érès, 2011, p. 58-59
20. *Ibid.*

Chapitre IV

Bienvenue chez moi… ou pas

Le métier d'assistant maternel a cela de particulier qu'il est fait d'une rencontre. Le premier contact est généralement téléphonique ; ensuite vient la première visite. Nous sommes salariés du particulier employeur, mais dans les faits, nous nous choisissons mutuellement. Les parents vont choisir leur nounou selon des critères qui leur sont propres, mais l'assistant maternel va également choisir « ses » parents : dans ce cas, la première rencontre, le premier regard, le premier sourire, la première impression seront décisifs ! Dès que la porte s'ouvre, on a déjà un vague pressentiment de ce qui sera possible et envisageable, d'un côté comme de l'autre. Car on s'engage sur du long terme, avec pour objectif, l'accueil d'un enfant. Un accueil familial, c'est un foyer, des valeurs éducatives et culturelles, une ambiance : les parents y seront sensibles, puisque leur enfant va passer de longues heures chez nous. Et les assistants maternels savent aussi très vite reconnaître en ces inconnus leurs futurs employeurs… ou pas !

J'aime les papas

Papa arrive avec vingt minutes de retard. Je le reçois seule, car Maman est malheureusement alitée en fin de grossesse. Tout en descendant de voiture, il parle dans le vide avec de fortes gesticulations ; je soupçonne quelque entretien téléphonique des plus importants… Il pénètre chez moi d'un pas conquérant avec un vague geste de salutation de la main, ou peut-être d'excuse pour le retard, tout en restant en ligne, et s'assied d'office sur le canapé. Visiblement très à l'aise, harnaché tel un cyborg, il réussit à mener simultanément deux conversations ; je ne sais jamais si ses réponses me sont adressées ou si elles vont à son interlocuteur invisible, mais je me sens honorée d'avoir rencontré ce jour, le papa le plus occupé du monde ! Le dialogue est laborieux, mais nous abordons tant bien que mal les points habituels : horaires, salaire, congés… Déjà l'entretien se termine et sur le pas de la porte, Papa m'annonce que de toute manière, son futur bébé est déjà sur liste d'attente chez une collègue très renommée de notre petite ville et « qu'il passait juste pour voir ce que le marché avait d'autre à offrir ».

Papa arrive chez moi visiblement assez ennuyé. La recherche d'une nounou pour ses enfants ne semble pas faire partie de son domaine de compétence habituel. Mais Maman est actuellement à la campagne avec les petits et c'est donc sur lui que repose toute la responsabilité. Je le sens accablé. Il s'assied du bout des fesses sur une chaise du séjour, ne voit pas la nécessité d'enlever son manteau, refuse un verre d'eau qui j'en suis certaine, lui serait d'un grand secours…

Papa sort une liste de questions préparées par Maman : il y coche consciencieusement chacune de mes réponses. Le climat est un peu tendu : c'est un véritable entretien d'embauche, bien qu'il ne soit pas très clair de voir qui embauche qui, tant Papa semble nerveux. Arrive l'épreuve tant redoutée du calcul des mensualités. Le bébé de 10 mois serait accueilli à plein temps, tandis que son frère de 3 ans ne serait là qu'en périscolaire : Papa additionne, soustrait et multiplie dans un sens puis dans l'autre. Les touches de la calculette sont définitivement trop petites ! Enfin, le résultat est là : oh, tant que ça… ! Papa se lève brusquement et m'annonce en sortant « on vous donnera des nouvelles ». Il n'a pas précisé quand.

J'aime les mamans

Je reçois Maman en fin de grossesse : elle sourit beaucoup et nous parlons de choses et d'autres, relatives à sa grossesse et à l'arrivée de bébé. Elle m'interroge sur mon organisation au quotidien, sur les autres enfants accueillis, me félicite pour le coin jeu des petits qu'elle trouve sympathique et coloré. Enfin arrive la question qui semble la préoccuper réellement. Comment la professionnelle de la petite enfance que je suis compte-t-elle faire pour éveiller son enfant ? Certaines collègues lui ont répondu « qu'un bébé de 2 mois, ça ne faisait que dormir » ce qu'elle n'a pas trouvé satisfaisant, loin de là ! Je lui réponds que notre rôle, en tant qu'adulte, me semble être principalement l'observation : nous devons apprendre à connaître cette petite personne qui sera différente des autres par principe. Effectivement, certains bébés ont besoin de beaucoup de sommeil, ce qu'il faudra chercher à respecter au maximum, d'autres seront plus curieux de leur environnement et il faudra leur proposer assez de stimulations. Elle semble contrariée par ma réponse. Elle m'explique alors « qu'elle ne voudrait pas que son enfant accuse de retard, sous prétexte qu'il n'a pas pu avoir de place en crèche ». Je lui propose donc de faire un avenant à notre contrat où je m'engagerais à ce que son enfant soit assis à 6 mois, marche à 1 an et parle couramment à 2. En voilà une excellente idée !

Maman semble très sûre d'elle. Elle occupe un poste important. C'est son deuxième enfant, elle connaît bien le principe des assistants maternels et me dit tout de go qu'elle n'était pas satisfaite de celle qui a accueilli son fils aîné. Trop souvent malade, trop d'évènements familiaux, bref trop d'absences. Maman a un métier à responsabilités, un planning serré, beaucoup de rendez-vous… Toutes ses phrases commencent par : « quand on travaille, vous savez... » Ce qu'elle recherche surtout, c'est une nounou dont la disponibilité serait sans faille. Je dois bien comprendre que ses réunions le soir sont capitales et peuvent s'éterniser, « qu'elle ne maîtrise pas toujours ses horaires. C'est un souci ? »

Le matin, contrairement à ce qu'elle m'avait annoncé au téléphone, ce ne sera pas huit heures, mais sept heures. Je lui explique alors que le dernier enfant quittant mon domicile à dix-neuf heures, je ne souhaite pas commencer si tôt le matin, ni travailler douze heures d'affilée : cela me semble incompatible avec un accueil de qualité et ce sont tous les enfants qui en pâtiraient. Elle est interloquée et ne voit vraiment pas où est le problème. Je suis pourtant à la maison où je joue toute la journée avec les enfants, peut-on vraiment parler de travail ?

J'aime les pompiers !

Je repense parfois à cette jeune maman qui me téléphone un jour : elle est charmante, s'exprime avec gentillesse, le contact est facile. Bébé est né et elle cherche un accueil avant de reprendre le travail. Je suis la vingtième assistante maternelle qu'elle sollicite : c'est un peu tardif, elle en a bien conscience maintenant, mais jamais elle n'aurait imaginé que ce soit si difficile de trouver une place pour son bébé. Comme mon nom se situe en bas de la liste alphabétique des assistants maternels, lorsque les parents arrivent à la lettre N, en général, c'est qu'ils ont déjà essuyé nombre de refus. Elle m'a l'air bien sympathique et je me demande donc où est le problème. Ses horaires peut-être, vu que depuis le début de notre conversation, elle évite soigneusement le sujet ? Je me risque à demander quelle est sa profession : pompier. Et là, elle avoue tout en bloc : des astreintes de quarante-huit à soixante-douze heures en semaine ou sur le week-end… Aïe, un accueil de nuit donc, et Papa ? Police nationale, déployée dans toute la France. Et a-t-elle de la famille pour prendre le relais ? Aucune famille sur place. Bien qu'il me soit déjà arrivé d'accueillir des enfants la nuit, pour répondre à une situation familiale exceptionnelle, telle la naissance d'un petit frère ou d'une petite sœur, ou le déplacement dans un autre département pour un enterrement, un accueil de nuit régulier, plusieurs fois pas semaine, me semble vraiment difficile. Je vais devoir refuser malheureusement, comme mes collègues. La vingt et unième nounou contactée aura-t-elle été la bonne ?

J'aime les grands frères et les grandes sœurs

C'est toute une famille qui arrive chez moi cette fois. Mon séjour me semble petit tout à coup ! Aurai-je assez de sièges pour tout le monde ? Maman tient délicatement le petit dernier-né dans ses bras, tandis qu'elle me présente Anaïs 7 ans et Vincent 9 ans. Ils me disent bonjour en regardant ailleurs, tout occupés qu'ils sont à se disputer. Vincent tire les cheveux de sa sœur qui se débat. S'installe une sorte de brouhaha, de bruit de fond, de bourdonnement. Puis ils avisent tout à coup le coin jeu : les jeux premier âge, les peluches, les jouets en bois, les puzzles : en cinq minutes, ils dévastent entièrement cet espace dédié aux petits. Papa qui semble à la fois amusé par leur manège et agacé par le bruit, intervient plusieurs fois, essaie de les séparer, de rétablir le calme… Maman tente de me parler de Bébé, mais notre conversation est couverte par le bruit des deux grands qui en sont venus aux mains. Lorsqu'ils piétinent les livres, je décide que c'en est assez et leur demande de venir s'asseoir avec nous pour que nous puissions faire connaissance tranquillement. Papa et Maman se sont raidis devant l'autoritarisme dont je fais preuve. Ils se regardent d'un air entendu, et mettent fin à l'entretien assez rapidement. Cette fois, même pas de « on vous donnera des nouvelles » !

Maman arrive avec ses deux filles. C'est jour de canicule et je propose à boire aux enfants : Maman décide qu'elles n'ont pas soif. L'aînée me sourit timidement ; elle semble si effacée qu'elle en est presque transparente. Je lui propose de la pâte à modeler pour s'occuper durant l'entretien ; Maman me répond qu'elle n'en a jamais fait… À 3 ans ? Un puzzle peut-être, un livre ? La petite s'installe dans un coin et tente de se faire oublier.

Maman m'explique rapidement qu'elle est partisane d'une éducation classique. J'avoue mon ignorance ; classique, ça veut dire quoi ? Chaque famille est différente, avec une culture familiale différente, des valeurs différentes. Maman et moi, nous nous regardons avec le sentiment de ne pas parler la même langue... Classique, quoi ! À l'ancienne. Ah… Jamais ses enfants ne seront des enfants-rois, elles ont l'habitude d'obéir, les règles sont claires et faites pour être respectées. « Vos punitions seront appliquées à la maison. » À quel genre de punition fait-elle allusion ? On parle bien d'une enfant de 1 an ?

L'autre point essentiel à ses yeux, c'est l'apprentissage de la propreté. Ils ont déjà commencé et souhaitent bien sûr que la future nounou prenne le relais. 1 an, ce n'est pas un peu tôt ? Y a-t-il réellement une demande de la part de la petite ? De nouveau, nous nous regardons avec l'impression de ne pas nous comprendre. Pourtant, ils ont fait de même avec l'aînée et tout s'est bien passé. Vraiment ? Maman pousse un léger soupir, rassemble ses troupes et ne reviendra pas.

J'aime les puéricultrices

Madame Tulipe a pris rendez-vous. Elle arrive à l'heure dite et se présente : puéricultrice de PMI. Elle vient visiter mon nouveau logement suite à un déménagement. À peine entrée, elle est interpellée par la présence de mon chat, crânement allongé sur le canapé. Madame Tulipe n'aime pas les chats. Ou plutôt, me précise-t-elle, elle n'a rien contre les animaux de compagnie, mais bon, vous comprendrez bien que tous ces poils… c'est incompatible avec l'accueil d'enfants. Mon cœur fait un bond ! Vais-je devoir choisir entre arrêter de travailler ou bien mettre mes chats à la SPA ? Cornélien. Et surtout totalement inattendu après tant d'années de cohabitation pacifique entre mes chats et les enfants. Car Madame Tulipe va devoir constater que je n'ai pas une seule machine à fabriquer des poils, mais deux ! Heureusement, elle a la solution : « une pièce de confinement, vous avez bien ça, non ? » Dans mon trois pièces ? Non, je ne vois pas. Donc, ce sera la cuisine : je dois y enfermer mes chats jour et nuit, même en l'absence des petits afin que jamais, au grand jamais, ils ne soient en contact avec les poils, toujours les poils… Madame Tulipe souffrirait-elle de phobie ? « Et pour les empêcher de sortir, vous mettrez une barrière de sécurité à la porte. »

Madame Jacinthe arrive à l'improviste. C'est une visite de routine, précise-t-elle. Je suis malgré tout un peu nerveuse. Nous discutons un peu, mais je ne me sens pas plus à l'aise. Madame Jacinthe a un grand sourire, mais l'œil inquisiteur ! Ou bien est-ce juste mon imagination ?

C'est l'heure du change pour Kevin, 1 an. Comme d'habitude, je l'allonge sur le canapé et sors sa panière : sa serviette, ses couches, son produit de nettoyage, son paquet de coton. Madame Jacinthe constate avec plaisir que je n'utilise pas de lingettes, mais aïe, j'ai oublié de me laver les mains ! C'est mal parti. Je ne suis pas la reine du changement de couches académique, je l'avoue volontiers. Madame Jacinthe m'observe ; j'enlève la couche souillée et déjà, ça se gâte. Aurais-je oublié qu'on ne doit pas soulever les jambes des bébés ? Je crois bien que je ne l'ai jamais su, en fait ! Il faut tourner délicatement le bébé sur le côté, nettoyer, puis le retourner sur l'autre côté, pour finir le nettoyage. Kevin montre assez de bonne volonté pour se laisser faire lors de la démonstration et je lui en suis vraiment reconnaissante !

Finalement, dans l'idée de donner une meilleure image de mon savoir-faire en matière de couches (tout de même, j'ai bien dû en changer plus d'un million, et tous les bébés ont survécu !), j'attrape la couche propre avec dextérité et je la place… à l'envers ! Mais où sont donc passés les collants ? Madame Jacinthe montre assez de mansuétude pour faire semblant de n'avoir rien remarqué. Elle semble satisfaite de sa visite et moi très soulagée lorsque je la raccompagne.

… et surtout j'aime les enfants !

Nous partageons l'intimité des familles souvent sur plusieurs années et ces premières rencontres sont décisives pour la suite. L'entretien téléphonique cordial ou distant. La visite au domicile respectueuse ou intrusive. À nous de trouver le bon ton, la bonne distance. À nous d'apprécier la diversité des pratiques éducatives en gardant toujours en tête l'intérêt de l'enfant. Nous devons savoir dialoguer et communiquer, aborder avec tact des sujets parfois délicats. Nous devons respecter le rôle des parents, mais aussi savoir reconnaître les situations qui n'aboutiront pas à l'accueil de leur enfant. Nous recevons chez nous des étrangers qui au fil du temps le seront de moins en moins : au centre de cette relation, un enfant.

J'aime les enfants, les miens plus que tout, ceux des autres, les enfants d'ici et ceux d'ailleurs. J'aime l'enfance comme une promesse d'avenir.

Chapitre V

La vie de Nounou, tout un poème !

Une journée chez Nounou, c'est comme une mélodie qui s'écrit au jour le jour : en bon chef d'orchestre, elle veille à ce que le plus humble et le plus petit des instruments trouve sa place au même titre que le plus grand et le plus bruyant. Attention aux fausses notes et aux accords dissonants… La qualité de l'accueil, c'est l'harmonie. Certains jours, tout roule et avec un peu d'expérience, on trouve le bon rythme : on est assez content de soi. Allegretto ! D'autres jours, un simple petit grain de sable fait tout dérailler : allez savoir pourquoi, mais très vite, rien ne va plus ! Alors on la joue plutôt pianissimo… Car pas de partition écrite à l'avance, non, il s'agit plutôt d'improvisation. Les enfants ont ce don d'apporter avec eux l'imprévu, la spontanéité, la vie, quoi !

Une assistante maternelle est…[21]

Tendre comme un Bisounours

Le câlin du matin, c'est prendre le biberon assis tout près de Nounou sur le canapé, caresser la main et les cheveux ; reprendre doucement contact, jusqu'à ce que Bébé décide de commencer sa nouvelle journée et parte jouer.

Line a coincé sa main dans un jouet : elle a eu peur et sanglote en serrant très fort Nounou. Là, c'est sûr, notre cœur déborde d'émotion et tendresse ! Il faut expliquer que le jouet n'y est pour

21. Petit poème trouvé sur Internet.

rien, qu'il faut juste ne pas y mettre la main, rassurer, consoler, câliner, sécher les larmes, et hop ! C'est reparti !

Gaie comme un pinson

Avec Élise, nous chantons des heures : dès qu'elle arrive le matin, elle demande « chanter ? ». Mon répertoire comporte plusieurs livres de chansons et « l'atelier chants » dure plus d'une heure, avec souvent la description des illustrations qu'elle finit par connaître par cœur. Pour Élise la fin de cette activité arrive toujours trop vite ! Mais Bébé-Gabriel installé dans le transat n'en perd pas une miette : lorsqu'il dira ses premiers mots, on s'apercevra qu'il connaît toutes ces chansons !

Polyglotte

Line, 9 mois :
« – Mamamamama ?
– Maman, elle n'est pas là ; elle est au travail.
– Papapapapa ?
– Papa, il est aussi au travail.
– Kâ ?
– Le chat ? Il est sur le canapé.
– Mamamamama ? » (reprendre du début et continuer des heures)

Manon, 1 an :
« – Tâtipâtelara…
– Oui, apporte-moi la balle, s'il te plaît.
– Tâtipâtelara ?
– Oui, celle-là, la bleue.
– Tâtipâtelaraaaaa ????
– Mais, non ! Je te dis la bleue. L'autre c'est celle de Benjamin ! »

Rapide comme l'éclair

À l'aire de jeux, il faut garder le tempo : le plus jeune est assis dans le bac à sable avec pelle et râteau : vite, il mange le sable ! Le moyen veut grimper sur la balançoire qui n'est pas adaptée pour son âge : vite, il va tomber ! Le plus grand est arrivé en haut du toboggan et appelle Nounou pour l'aider à glisser : vite, il s'impatiente !

Créative comme Picasso

Pour la fête des Mères, Nounou a prévu un joli bricolage en pâte à sel. Rémi veut bien essayer, mais comme il déteste se salir, il demande un gant propre et s'essuie les mains entre chaque manipulation. Élise, elle, patouille avec bonheur et cherche même à goûter la pâte ! Lisa manie la pâte à sel avec élégance et son chef-d'œuvre est très réussi. L'activité est vite terminée car les enfants veulent retourner jouer. À Nounou toutes les finitions : cuisson, peinture, attaches, vernissage… et nettoyage ! Chaque enfant a fait de son mieux : les mamans seront ravies du résultat.

D'une résistance à toute épreuve

Pousser la poussette deux places pour se rendre au square, c'est du sport ! Il faut monter les trottoirs, les descendre, contourner les voitures mal garées, éviter les ornières, pousser dans les pentes, se désembourber du sable ou de l'herbe : de retour, Nounou a un peu mal au dos… surtout lorsque le plus grand, fatigué de marcher s'installe sur le marchepied !

Du haut de ses 15 mois et de ses treize kilos, Grégoire ne marche toujours pas : il faut le sortir du lit, l'asseoir dans la chaise haute, l'installer dans la poussette, l'allonger pour le changer… encore une fois, aïe le dos !

Ingénieuse comme un Schtroumpf

Pour bloquer la porte-fenêtre, Nounou a installé un demi-parc octogonal qui empêche les petits de s'échapper. Pour protéger l'échelle du lit mezzanine, Nounou a noué un tour de lit qui s'y adapte parfaitement. Pour éviter que Bébé ne se déshabille dans son lit, Nounou lui met la gigoteuse à l'envers, ce qui ne le gêne pas, mais l'empêche d'ouvrir la fermeture Éclair©.

Pour partir en promenade, Nounou a toujours avec elle un petit carnet avec les photos et les coordonnées des enfants, on ne sait jamais...

Cuisinière dans l'âme

J'aime faire de la pâtisserie avec les enfants. Des sablés à Noël, c'est très facile : les enfants aiment découper la pâte avec les emporte-pièces et adorent les rapporter fièrement à la maison. Les mini-cakes aux pépites de chocolats remportent un vif succès pour le goûter : chacun manie son fouet en en mettant un peu partout, mais il reste généralement assez de pâte pour faire quelques cakes ! Les tartes aux pommes où chaque enfant range les tranches de pommes à sa manière : Élise est occupée un bon moment à placer les tranches en faisant de jolis ronds. Rémi met tout en vrac et décide qu'il a fini, pour aller jouer !

Les pizzas maison où chaque enfant met ce qu'il aime dessus, jambon, poivron, maïs, tomate, fromage, ça chez Nounou, c'est le succès garanti ! J'aime élaborer des menus variés et faire découvrir aux enfants de nouvelles recettes, des plats qu'ils ne mangent pas toujours à la maison. Salomé me demande un jour « Nounou, pourquoi tu mets des légumes dans ta soupe ? » heu.... ? « Papa lui, sa soupe, elle est dans un sachet, eh ben y a pas de légumes, tu sais ! »

De plus, elle doit avoir...

Une patience d'ange

Le repas de Valentin peut durer trois quarts d'heure : il ouvre à peine la bouche et mastique chaque cuillerée dix minutes, ou bien tourne brusquement la tête lorsqu'arrive la cuillère qui immanquablement atterrit dans l'oreille...

Élodie aime les petits cailloux qu'elle collectionne avec bonheur : chaque sortie est l'occasion pour elle d'assouvir cette passion. Ainsi, nous mettons une demi-heure pour faire dix mètres car elle se baisse à chaque pas pour les étudier de près...

Nathan possède un organe extraordinaire qui me laisse penser qu'il a une belle carrière de ténor devant lui : il peut hurler des heures sans désemparer et s'arrêter dans la seconde s'il obtient ce qu'il désire !

Une mémoire d'éléphant

Les parents arrivent tous en même temps ce soir et veulent savoir comment s'est passée la journée :
« – Manon a bien dormi ?
– Oui, oui, elle a fait une belle sieste ; alors... Elle s'est couchée à treize heures, ah non, ça c'était Mathieu, Manon, elle, elle s'est couchée à quatorze heures, mais en fait, elle ne s'est endormie qu'à quatorze heures trente parce qu'elle a pas mal gazouillé avant et du coup, ben Mathieu, ah non ! Ça, c'est Louis qui a pas pu s'endormir tout de suite... bref Manon, alors finalement, elle a dormi jusqu'à l'heure du goûter, c'était vers...
– Et Louis a bien mangé ?
– Oui, Louis a tout mangé, enfin sauf le hors d'œuvre et le dessert, quoi, comme d'habitude, et puis les légumes, ben c'est

toujours pas ça, mais bon, on va y arriver… et… ah, non, ça c'était hier… aujourd'hui, lui il a tout mangé !
– Et Mathieu, au Ram, ça a été, il a bien joué ?
– Oh ce n'était pas évident, il est beaucoup resté dans mes bras, mais il s'est décidé à aller jouer quand c'était presque fini et bien sûr, après il voulait plus partir et il a hurlé tout le chemin du retour… Alors, je l'ai fait manger en premier pour lui changer les idées ! Et du coup, c'était le premier à aller à la sieste.

Bon, de toute manière, je vous ai tout marqué dans les cahiers de liaison ! »

Une voix douce et forte

Nounou élève rarement la voix, mais quand elle le fait, les enfants la regardent tous stupéfaits : à l'instant, elle crie pour stopper Nathanaël qui se met en danger en grimpant sur une pile de jouets en équilibre. Du coup, inquiets, tous les enfants se mettent à pleurer, sauf Nathanaël qui prend un air innocent, alors il faut parler doucement pour rassurer tout le monde et faire des sourires pour montrer qu'on n'est pas fâchée...

Un corps garanti à toute épreuve

C'est le moment de ranger ! Nounou à quatre pattes sur le tapis, tente de récupérer un jouet qui se cache sous un meuble. Valentin en profite pour grimper sur son dos. Nounou fait semblant de tomber sous le poids et c'est Élodie qui le rejoint pour sauter sur elle. Nathan est ravi de tout ce tohubohu et tente sa chance : en s'approchant, il écrase un peu les lunettes de Nounou…

Nounou porte les stigmates de sa profession : Bébé-Benjamin lui a cassé un petit morceau de dent en lui donnant un coup de tête lorsqu'il a éclaté de rire à l'improviste. Elle a des marques de morsures sur les bras, car Manon l'aimait beaucoup, beaucoup et ne savait pas comment lui manifester sa tendresse autrement qu'en la mordant à pleines dents ! Il lui manque aussi quelques cheveux, car tous les enfants ont, à un moment ou à un autre, tiré dessus… Et la petite cicatrice sur le front, c'est le coin d'un jouet qu'elle a reçu en pleine tête !

Des yeux tout autour de la tête

Pourtant, il était encore là il y a quelques secondes ! Nounou n'a détourné la tête qu'un instant, et voilà que Mathieu a disparu de l'aire de jeu ; c'est l'angoisse ! Elle regarde partout, car Mathieu aime à se cacher, elle le sait bien. Il porte sur lui, bien visible, une carte avec ses coordonnées, au cas où, mais les dangers restent nombreux… Prête à confier les autres enfants aux collègues pour partir à sa recherche, le voilà qui apparaît au détour du chemin ramené par la main par une maman qu'il avait suivie en toute confiance. Nounou est partagée entre le soulagement et l'envie de gronder très fort, mais comment expliquer au petit explorateur qu'il ne doit pas quitter son champ de vision ?

Un filtre nasal

C'est le départ pour la promenade : Bébé-Benjamin est déjà emmitouflé dans sa combinaison de ski assez malaisée à enfiler, et installé dans la poussette. Nounou finit de lacer les chaussures de Sophie, d'enfiler la grosse veste, le bonnet, les moufles et l'installe à côté de Benjamin. Il ne reste plus que Damien qui se débrouille déjà un peu tout seul, à finir d'habiller. Ouf, tout le monde est enfin prêt. Mais c'est quoi cette odeur qui se répand dans le couloir ? Nounou mène l'enquête : allez, il faut déshabiller Benjamin et changer la couche...

Un dictionnaire intégré

C'est l'heure de l'école, Malo, 3 ans, a mis ses chaussures et réclame son toutouneu en pleurant. Le ton monte rapidement, et Nounou, Doudou son compagnon et les enfants sont tous à quatre pattes cherchant le toutouneu sous les meubles et dans tous les coins, en ayant bien conscience qu'ils ne savent pas précisément ce qu'ils cherchent… Finalement, Nounou met tous les enfants dans la voiture pour l'école et ce n'est qu'une fois arrivée, Malo montrant ses chaussures dans un dernier sanglot, qu'elle comprend qu'il réclame un double nœud pour ses lacets !

Des oreilles bioniques avec contrôle d'intensité

Depuis quelques semaines, Damien pousse des petits cris de joie, pour un oui, pour un non. On se réjouit toujours quand un enfant manifeste sa joie de vivre… mais en fait de joyeux gazouillements, ce sont plutôt des hurlements stridents, style alarme de voiture, voyez ! Effectivement, on aimerait bien avoir un bouton pour régler l'intensité !

Huit bras comme une pieuvre

C'est l'heure du repas : Bébé a dormi un peu plus longtemps que d'habitude alors c'est un peu la panique ! D'une main, il faut donner le biberon, de l'autre donner la purée au moyen qui ne mange pas encore seul, tandis que le grand, c'est pas de chance, a renversé son gobelet d'eau, ce qui n'arrivait presque plus ces derniers temps...

Un cœur gros comme ça

À l'arrivée de chaque nouvel enfant, il faut faire une nouvelle place dans son cœur. Il y a déjà ses propres enfants qui occupent le territoire légitimement, puis tous ces autres petits qui s'y sont glissés au fil du temps, jouant des coudes pour se faire chacun une petite place : certains laisseront un souvenir impérissable et resteront pour toujours dans nos cœurs. Les cœurs des nounous sont extensibles, c'est bien connu ! D'ailleurs, nous restons aussi dans le cœur de certains d'entre eux puisque parfois, nous recevons quelques nouvelles, une photo pour le Nouvel An ou pour l'entrée à l'école… Émotion garantie à chaque fois !

Des doigts de fée

J'ai tricoté un joli pull pour l'anniversaire d'Élise : la laine a des fils brillants, ça lui a tout de suite plu ! Elle ne comprend pas bien ce que *tricoter* veut dire, car les pulls, en général, ça s'achète au magasin… Et puis un jour, il est terminé et là, elle est si émue, qu'elle n'ose plus l'essayer. Mais Maman me racontera qu'elle a dormi avec !

J'ai cousu un déguisement de princesse sur mesure pour Annabelle pour le carnaval de l'école, car c'est délicat de l'habiller à sa taille... Elle est rose comme un bonbon : le tulle est rose, le satin est rose, ses joues sont roses ! Elle se sent belle et pour une fois *comme les autres !*

Des jambes d'athlète

Après l'épisode filtre nasal, nous sommes en retard pour la ludothèque et l'animatrice, que je soupçonne ne pas avoir d'enfants, ne supporte pas qu'on arrive après le début des activités ! Il va falloir courir : par malchance, la ludothèque se situe en haut d'une côte. Ça, c'est du sport ! Le poussé de poussette-double sur plan incliné, une nouvelle épreuve aux Jeux olympiques ?

Un système immunitaire révolutionnaire

Hugo a la gastro, Éva est très enrhumée et m'éternue constamment à la figure : tout l'hiver, je suis la cliente préférée de ma pharmacienne ! J'ai testé tous les produits stimulant les défenses immunitaires présentés sur ses étagères, l'un après l'autre, ou en cocktail... Enfin, arrive le printemps et je suis assez fière de constater qu'effectivement j'ai réussi à échapper à tous les maux de l'hiver. Aucune absence, aucun congé maladie. C'est là que passe un méchant méchant virus et que je tombe gravement malade !

Une vraie femme orchestre quoi, une Superwoman !

Nous, les assistants maternels, que l'on peut juger encore quelques fois *sans profession*, parce que s'occuper d'enfants à la maison, cela reste encore et toujours dévalorisant, nous nous sommes sentis réhabilités par la désormais célèbre chronique de Jean Epstein « *Cent professions* »[22] ! Il nous y décrit comme gestionnaire et diététicien, psychologue et diplomate, moniteur de sécurité routière et comptable, juge et avocat, infirmier et herboriste, et bien d'autres. Si notre formation succincte et peu adaptée ne nous prépare guère à affronter les petits et grands soucis liés à notre métier, on peut bien compter sur notre inventivité, notre bon sens et notre amour des enfants pour parer au quotidien !

---

22. Epstein J., « Cent professions ! », *Assistantes Maternelles Magazine,* n° 50, octobre 2008, p. 26-27.

Chapitre VI

La famille, un peu, beaucoup… pas du tout ?

Dans un accueil de type familial, eh bien, imaginez un peu ! on trouve *la problématique* de la famille de l'assistant maternel. Car souvent nous avons des familles : des compagnons, conjoints, maris parfois, des enfants petits ou grands aussi, des papys, des mamies et autres tontons ou tatas, cousins, cousines si ça se trouve… Et c'est bien ce qui fait toute la différence avec l'accueil en crèche ! Mais cela semble bien être une épine dans le pied de certains Conseils généraux : la problématique n'est pas tant notre famille, à mes yeux, mais c'est de savoir si l'on souhaite vraiment voir disparaître l'accueil familial ou non.

Le compagnon de l'assistante maternelle

Olivier en avait plus qu'assez ! Ce qui paraissait être une bonne idée au départ s'était révélé si contraignant qu'au final, il rêvait du moment où Sophie, sa compagne, reprendrait son ancien métier de secrétaire de mairie. Ah, les trente-cinq heures ! Pouvoir rentrer le soir chez lui, après une journée de travail, retrouver sa famille et le calme, surtout le calme. C'est bien simple, il ne supportait plus les enfants et encore moins leurs parents. Ces départs qui s'éternisaient, ces retards plus que fréquents, ces transmissions de petits riens qu'il jugeait parfaitement inutiles, tout cela empiétait de façon insupportable sur la vie privée de la famille. Pourtant à l'origine, lorsque leur petit Félix était né et que Sophie avait eu l'idée de rester à la maison pour être plus présente auprès de leurs deux enfants, oui, au départ, l'idée avait paru parfaite. C'est que jamais ils n'avaient pu imaginer réellement, ce que travailler à domicile voulait dire ! Plus d'apéritif avec les copains en semaine, plus de télé avant le départ des enfants, plus d'intimité… Le pire à vivre avait été bien sûr son arrêt maladie de quinze jours : c'est bien simple, il se sentait un intrus dans sa propre maison ! Mais où se reposer dans la journée quand le canapé du séjour est occupé par les petits et sa propre chambre squattée par un nourrisson qui fait la sieste plus souvent qu'à son tour ?

Stéphane, lui, était un mari heureux : le statut de mari d'assistante maternelle lui allait comme un gant et il lui tardait de rentrer du travail et de retrouver toute la joyeuse petite troupe qui lui sauterait dans les bras en l'appelant « téfan » ! Leurs propres enfants étaient grands et déjà autonomes, alors toutes ces petites fripouilles qui mettaient de l'animation dans la maison lui laissaient présager ce que serait sa vie de papy. Un papy-gâteau à n'en pas douter ! Déjà, il ne pouvait rien refuser aux petits qui savaient très bien comment l'amadouer et l'utiliser pour faire plier Nany avec leurs mimiques. Stéphane, bricoleur et inventif, avait grandement participé à l'aménagement de la salle de jeu et entretenait d'excellents rapports avec les jeunes parents auxquels il lui arrivait de rendre de menus services et qui étaient plus d'une fois dans l'année invités à partager un pot dans le jardin. Téfan et Nany représentaient pour tous une entité, bien que Stéphane n'ait pas l'agrément ! Mais sa participation active au métier de Nany était reconnue de tous et c'était la chaleur d'un foyer où les petits trouvaient une place toute naturelle qui faisait toute la valeur de cet accueil familial. Bien sûr, il lui arrivait aussi de se réfugier dans son atelier pour bricoler au calme, surtout lorsque les enfants étaient malades et particulièrement grognons…

Les enfants de l'assistant maternel

C'était tout simplement incroyable ! Manon, la fille de Nathalie, adorable petite brunette de 2 ans et demi, était insupportable dès que Manuelle arrivait le matin. Rien n'y faisait, la carotte ou le bâton, les promesses de cadeaux ou les menaces, Nathalie avait tout essayé. C'était des disputes à n'en pas finir, pour le même jouet ou pour se partager les bras et l'attention de Nathalie, tout était bon pour que l'adorable Manon se change en furie où les colères succédaient aux éclats de voix. Nathalie désespérait et sollicitait les conseils de chacun : elle avait bien compris qu'il était délicat d'accueillir un enfant du même âge que le sien, qui jouait avec les mêmes jeux et partageait les mêmes activités, mais aucun conseil avisé ne semblait améliorer la situation. D'autant que Manon qui ne portait plus de couches depuis plusieurs mois en avait de nouveau réclamé au vu de celles de Manuelle, elle qui mangeait seule voulait de nouveau se faire aider, et ainsi de suite. Le climat à la maison était tendu ! Nathalie avait décidé de mettre Manon quelques heures par jour à la halte-garderie et en éprouvait beaucoup de culpabilité ; d'autant que ces frais une fois déduits, elle se demandait parfois pourquoi elle travaillait ! Ses collègues l'encourageaient en lui assurant être aussi passées par là, mais le temps lui paraissait bien long et elle remettait souvent ses choix en question.

Pour les ados de la famille, avoir une maman assistante maternelle, c'était loin d'être toujours évident. Même s'ils avaient grandi avec ce métier et avaient toujours dû partager leur mère et leur maison, parfois, oui, c'est vrai, ils avouaient rêver de ces mères qui travaillent à l'extérieur de chez elles… Le travail à domicile représentait beaucoup de contraintes à leurs yeux et peu d'avantages. Car on ne pouvait pas vraiment prétendre que leur mère était très disponible pour eux. Mais les contraintes étaient par contre bien réelles : pas de copains en semaines et pas de cigarettes à la maison, c'était déjà difficile ! Accepter un lit de bébé dans leur chambre et partager leur espace personnel, c'était parfois très compliqué ; si le bébé dormait, ils devaient migrer dans le séjour pour faire leurs devoirs, parfois dans le bruit si les autres enfants occupaient encore les lieux. Durant les vacances scolaires, difficile de traîner au lit et de faire la grasse mat' avec les cris des petits dans la pièce d'à côté. Et la musique ? Toujours en sourdine ou avec des écouteurs ! Quand les petits étaient là, ils se sentaient un peu en trop, il faut bien le dire. Bien sûr, certains étaient craquants et ils aimaient jouer avec eux parfois, mais douze heures par jour, c'était long, tout simplement. À côté de cela, ils étaient incollables sur le change du nourrisson, la nourriture des bébés ou l'âge de la marche !

Nathan et Valentin, le fils de Tatie, étaient inséparables : sensiblement du même âge, autour des 2 ans et demi, ils avaient grandi ensemble, et étaient comme des frères, se disputant parfois, mais s'entendant à merveille la plupart du temps. Quel bonheur pour Tatie et sa famille, où tout se passait pour le mieux ! Ses collègues lui avaient fortement déconseillé d'accueillir un enfant du même âge que le sien, ceci étant généralement source de problèmes, mais c'était sans doute l'exception qui confirmait la règle, car tout se passait très bien. D'autant que les deux petits bonshommes seraient scolarisés dans la même école maternelle et que cette belle amitié se poursuivrait peut-être, l'accueil de Nathan une fois terminé. Si ce genre de situation est plutôt rare, elle faisait tout l'attrait de cette profession qui pouvait concilier la vie de famille et le travail. À les observer si souvent jouer aux petites voitures ou construire des tours plus hautes l'une que l'autre, Tatie se disait qu'il faisait bon être assistante maternelle ! Les parents de Nathan étaient devenus des amis et ils attendaient, d'un commun accord, que les relations employeurs-salariés aient cessé pour pouvoir se tutoyer et s'inviter hors temps d'accueil.

Les grands-parents…

Elle pouvait à peine le croire, mais sa fille, très ennuyée, lui avait fait part d'une nouvelle consigne dont elle avait eu vent par hasard, concernant les visites au domicile de l'assistant maternel. C'était tout de même un peu fort ! Encore une de ces réglementations abracadabrantes… À qui voulait-on faire croire que la présence des grands-parents au domicile d'un assistant maternel lors de l'accueil des enfants, pouvait représenter une nuisance quelconque ? Quel était donc ce métier qu'avait choisi leur fille ! Accueillir des enfants à domicile, c'est très bien, mais devait-elle réellement mettre sa propre vie familiale totalement entre parenthèses durant le temps d'accueil ? Il semblerait que le service de PMI ait été très clair à ce sujet : aucune visite d'aucune sorte, amicale ou familiale, durant le temps de travail. C'était une question de sécurité et de déontologie, à ce qu'il paraîtrait. Il faudrait prendre des congés pour voir sa famille, comme tous les salariés qui ne recevaient personne sur leur lieu de travail *a priori* ! Mamie en était restée sans voix ! Faudrait-il qu'elle demande une autorisation spéciale au Conseil général pour venir voir ses petits enfants et fournir éventuellement un extrait de casier judiciaire ? Quel genre de menace est-elle censée représenter ? Elle aimait jouer avec les petits qui l'appelaient Mamie et cela lui semblait tout de même assez naturel dans un accueil de type familial…

Papy maniait la bêche dans le potager et savait que dès la sieste terminée, les petits qu'accueillait sa fille viendraient le rejoindre dans le jardin pour « travailler » avec lui. Comme ils étaient fiers des quelques responsabilités qu'il leur donnait, de planter quelques fleurs, parfois les racines en l'air, il faut bien l'avouer, mais toujours avec application ! Et quelle joie de rapporter chez eux quelques tomates ou une salade à l'occasion. Sa fille lui avait bien dit que tout le monde ne voyait pas d'un bon œil que les petits patouillent dans la terre, ce n'était certes pas très hygiénique et les outils, même adaptés aux enfants risquaient de s'avérer dangereux, mais Papy prenait cela avec philosophie : ces nouvelles modes, comme toutes les autres, finiraient bien par passer ! Quelle occupation était plus saine que de s'occuper au grand air à des tâches utiles, de grandir chaque jour un peu plus, comme les plantes elles-mêmes ? Depuis quand la terre était-elle sale ? Et sa présence à lui, qui gênait-elle ? Car là aussi, de nouvelles réglementations interdiraient bientôt toute visite durant le temps de travail de sa fille… C'était à n'y rien comprendre ! Ces petits qui l'appelaient Papy n'auraient plus le droit de le voir, pourquoi exactement ? Il n'avait pas insisté et attendait de voir la suite des évènements.

Dans certaines PMI, il faut bien l'avouer, on ne nous aime pas beaucoup, on nous supporte tout juste. Il n'est pas rare d'entendre que nous ne sommes pas leur priorité. Pourquoi ? Nous, les autodidactes, les *dilettantes*, les sans-diplômes… qu'il serait bon d'assainir une fois pour toutes le secteur des métiers de la petite enfance en nous effaçant du paysage d'un coup de baguette magique, non ? Avouez un peu ; ce n'est vraiment pas de chance que nous représentions le mode d'accueil le plus utilisé dans notre beau pays et surtout le moins cher ! Difficile donc de nous faire disparaître, mais en attendant, on peut nous inventer des réglementations de plus en plus contraignantes et discriminatoires, pour éventuellement nous pousser discrètement vers la sortie.

« Le droit de visite ». Rien que l'intitulé laisse à penser que nous avons commis un crime en choisissant ce métier et que travailler à notre domicile constitue une peine d'emprisonnement ! Ah, c'est aussi comme ça que vous le ressentez parfois, chers collègues ? Donc, avons-nous le droit ou non de recevoir des visites durant notre incarcération, heu… pardon ! Durant notre temps de travail ? Le débat est ouvert et comme toujours, faute de textes précis, les opinions s'expriment de manière très tranchée, chacun étant sûr de son bon droit, le droit lui, laissant planer un doute légitime. Alors, on invente des règlements locaux, des référentiels régionaux…

La déontologie veut qu'étant rémunérés pour un travail, en l'occurrence accueillir des enfants, tout ce qui pourrait détourner notre attention ne serait-ce qu'un instant desdits enfants porte atteinte à la morale et à la sécurité… Certains voudraient que, durant le temps d'accueil, nous ne répondions plus au téléphone, que nous n'ouvrions plus la porte au facteur ni à la voisine qui vient chercher du sucre, ou même que nous nous abstenions d'aller aux toilettes ce qui est franchement délicat, *la vessie étant, par définition, le seul organe qui a le courage de ses opinions*[23] !

Donc pas de visites de collègues, d'amis ou de la famille. Finis la préparation de Carnaval, les ateliers bricolage, les anniversaires entre collègues, que les petits apprécient tant. Terminés les petits goûters conviviaux, l'aventure de nouvelles rencontres, le plaisir de découvrir un nouveau visage, un futur petit copain ou copine, finies les visites de Papy ou de Mamie ? On aurait pu imaginer que cela faisait partie de la socialisation… à tort ? Or nous sommes sommés de rester en tête à tête avec les enfants accueillis dix ou douze heures par jour ! Mais au fait, pourquoi leurs parents ont-ils choisi un accueil familial déjà ? Pour que leur enfant grandisse « comme à la maison », dans une deuxième famille, non ? Ah, je croyais… L'épanouissement de leur enfant passe peut-être par le huis clos avec leur assistant maternel ?

Certaines PMI souhaiteraient que les conjoints ne rentrent plus déjeuner au domicile. Leur domicile, *a priori*, celui dont ils paient le loyer… Et que les enfants de l'assistant maternel soient inscrits à la cantine ; je sais, vous allez me dire « ce n'est pas possible ! » Et bien, renseignez-vous. Et que fait-on de nos enfants lors des congés scolaires ? Doivent-ils être inscrits en camp de vacances, en centres aérés ? Doivent-ils être expatriés chez les grands-parents ? Ont-ils le droit de rester se reposer chez eux ou

23. Epstein J., *Comprendre le monde l'enfant,* Paris, Dunod, 2010, p. 148.

sont-ils aussi condamnés à l'exil parce que leur maman ou leur papa a choisi ce métier ? Devrions-nous, comme certains détenus, militer pour le droit au regroupement familial ?

Dans certaines cultures, on dit qu'il faut un village pour élever un enfant. La famille de l'assistant maternel est un début de village, des adultes connus, mais ne faisant pas partie de leur propre famille, d'autres enfants avec lesquels ils peuvent entretenir des relations privilégiées. Considérer le domicile de l'assistant maternel comme une entreprise où il serait interdit de recevoir des visiteurs, n'est-ce pas tout simplement ridicule ? Bien sûr ces décisions ont été prises pour éviter les abus car il ne serait guère profitable aux enfants que les visites succèdent aux visites sans qu'ils y trouvent leur place, mais à tout vouloir réglementer, c'est le sens même de l'accueil familial qui est remis en question.

Chapitre VII

Un steak, des frites et beaucoup de complications

À onze heures trente, c'est le coup de feu chez l'assistant maternel qui ne doit son salut qu'à une organisation rigoureuse : si Bébé commence à hurler en réclamant son biberon au moment où les autres enfants réalisent également qu'ils ont faim, c'est la mutinerie assurée ! On risque d'entendre : « Pour les haricots, c'est trop tôt, pour les épinards, c'est trop tard ! Le poisson, c'est pas bon, les betteraves, c'est pas grave ! Les blettes, c'est trop bête, la salade, c'est trop fade ! Les poireaux sont pas beaux, les brocolis pas jolis ! Les rutabagas, on n'en veut pas ! Nous, on veut des nouilles à la place du fenouil, et des frites, des frites, des frites... » Mais nous n'avons que deux mains, il va falloir jongler ! Certains jours, tout roule et on est assez fier de soi, de son organisation, de son savoir-faire. Parfois cependant tout va de travers et on désespère : les petits refusent d'attendre leur tour, sont grincheux, sûrement déjà fatigués. Le repas devient une épreuve, le moment critique de la journée. Une fois les enfants à la sieste, bizarrement, on n'a plus très faim soi-même...

Menu 7 mois : velouté de potiron et délice de volaille

– 100 g de potiron ;
– 1 petite pomme de terre ;
– 1 petite carotte ;

– et 10 à 20 g de blanc de poulet.
Cuire le tout à la vapeur et mouliner. Pas de sel.

Nathan, arrive lundi dans les bras de sa maman qui semble un peu chagrinée. Ce week-end, elle a essayé avec plus ou moins de succès de donner au petit ses premières cuillerées de purée et de compote ainsi que l'a conseillé le pédiatre qui a décidé que le moment de la diversification était arrivé. Nathan a craché, hurlé et repoussé la cuillère. Maman lui a proposé un autre menu qui n'a pas eu plus de succès et elle se sent coupable d'avoir craqué car elle lui a finalement redonné un biberon. Non seulement il ne semble pas émerveillé par l'idée de manger à la cuillère, mais en plus il a mal dormi, lui qui fait ses nuits depuis déjà plusieurs mois. « J'espère qu'avec vous, ça marchera mieux. » Je l'espère aussi car moi, je n'ai plus de biberon de lait à lui proposer… On nous met la pression : Nathan et moi allons devoir nous montrer à la hauteur !

Arrive l'heure du repas : je tapisse le sol d'un grand bout de toile cirée et j'installe Nathan dans le transat en lui expliquant que nous allons manger, que Maman lui a préparé un bon petit plat avec amour et qu'il serait vraiment sympa de bien vouloir participer à cette nouvelle activité en montrant un peu plus d'enthousiasme. Il acquiesce, ou du moins je l'imagine. Je lui enfile un tablier à manches qui le recouvre entièrement ainsi qu'une bonne partie du transat, puis un bavoir. Je me protège également d'un tablier et d'une serviette éponge, et tiens à portée de la main de quoi nettoyer au cas où. Nous sommes donc fin prêts.

La suite, chaque parent, chaque assistant maternel la connaît ! C'est un festival de areuh postillonnant (amusant), de crachouillis de purée (très amusant), de bulles qui éclatent (bébé rit de bon cœur), de cuillère qu'il attrape au vol (carrément hilarant)… On hésite entre gronder et rire aussi, suivant l'humeur du moment. Bébé a de la purée dans les cheveux, les oreilles, le nez ! Mais le plus drôle, c'est bien sûr quand les plus grands, qui avaient oublié à quel point on s'amuse en recrachant sa nourriture, s'y mettent aussi. Quelle injustice, ils se font immédiatement gronder !

Menu 18 mois : crème de lentilles corail au bois de hêtre

– 100 g de lentilles corail ;
– 100 g de poivron rouge pelé ;
– et 1 knack.
Mélanger la purée de lentilles, le poivron cuit à la vapeur et la saucisse coupée en petits morceaux. Ne pas ajouter de sel.

J'ai connu Lisa à 3 mois. En rentrant de vacances d'été, ses parents ont constaté avec effroi qu'elle avait perdu du poids. Maman a repris le travail tout en continuant à allaiter. Sa détermination et sa constance ont fait mon admiration ! Malgré son travail exigeant, elle prenait sur son temps de pause déjeuner pour venir allaiter Lisa chez moi, mais celle-ci la plupart du temps refusait de téter en s'endormant au sein parfois ou en admirant le paysage alentour… Tous les laits maternisés que nous avons essayés par la suite ont remporté le même succès !

Au fil des mois, nous sommes allés de difficultés en difficultés : diarrhées persistantes, perte de poids, eczéma, refus de se nourrir, nuits agitées. Lisa était très bien suivie ; aucun médecin ne s'est inquiété car elle restait vive et tonique, se développant parfaitement malgré son petit poids. Ils conseillaient aux parents angoissés et épuisés… la patience ! Issus d'un milieu médical, Papa et Maman étaient bombardés de conseils parfois contradictoires, souvent anxiogènes, rarement bienveillants. Aucun gastroentérologue n'a été consulté, si ce n'est lors d'un bilan très complet pratiqué sur le tard à l'hôpital, mais qui n'a guère explicité le problème de Lisa. Maman se sentait souvent coupable, mais de quoi ? Sa dernière phrase le matin était « j'espère qu'elle va manger ! » et sa première phrase le soir « est-ce qu'elle a mangé ? ».

Je me sentais également coupable et très mal à l'aise quand Lisa n'avait rien pris de la journée. Certains jours, elle n'acceptait de se nourrir que de compotes...

Durant des mois, notre vie a tourné autour du petit ventre de Lisa : souffre-t-elle ? Est-ce une bactérie, une allergie ? L'eau, le lait, le gluten ? À 1 an, il lui fallait souvent une heure pour manger quelques cuillerées du petit plat préparé par Maman. Quant aux repas achetés dans le commerce, ils étaient refusés catégoriquement. Nous passions de la compassion à la colère, de l'incompréhension à la déprime. Plus d'une fois, j'ai rêvé de Lisa tant cette situation me préoccupait ! Mon admiration pour ses parents, très impliqués professionnellement et également très attentifs à leur fille, ne s'est jamais démentie. Lisa est aujourd'hui une petite fille qui se porte très bien, à la silhouette fine et légère, mais au poids normal, ravie d'être à l'école où les sollicitations ne sont jamais assez nombreuses : jouer, apprendre, lire reste néanmoins toujours plus intéressant que manger !

Menu 3 ans : steak haché et frites vertes aux étoiles

– 1 petit steak haché ;
– 100 g de haricots verts ;
– 100 g de polenta ;
– et une pincée de sel pour la polenta.

Cuire le steak haché à point et les haricots verts à la vapeur. Une fois la polenta cuite, l'étaler sur une hauteur de deux centimètres. Dès qu'elle s'est solidifiée, découper des formes à l'aide d'emporte-pièces (cœurs, étoiles, animaux…).

Annabelle est restée dans mon cœur comme une petite fille très particulière : elle était rondelette et Maman était très fière d'annoncer qu'elle l'habillait en taille 12 ans à… 4 ans. Annabelle, elle, me racontait que ses camarades de classe la traitaient de « grosse » et que cela lui faisait beaucoup de peine. Personne ne voulant jouer avec elle, c'était une petite fille solitaire. Elle ne se sentait bien qu'en famille où tout le monde était comme elle. Les garçons ressemblaient à Papa et Annabelle avait la silhouette de Maman ; dans ce petit monde-là, tout était en ordre.

À ma table, Annabelle a découvert beaucoup de plats qu'elle ne connaissait pas. En particulier des légumes qu'elle finit avec le temps par apprécier. Les haricots verts furent rebaptisés « frites vertes » ! Les carottes râpées, les betteraves firent leur apparition. Elle restait en guerre avec les fruits, et certains légumes qui non seulement étaient verts, mais avaient en plus un goût bizarre. Que dire des épinards ! Elle accepta d'y goûter et les apprécia même jusqu'au jour où Maman déclara devant nous que c'était dégoûtant…

J'allais fréquemment chercher les enfants à l'école à pied. Ces promenades, les activités de plein air, la piscine le mercredi, une alimentation différente, tout cela contribua à affiner la silhouette d'Annabelle. Les institutrices le remarquèrent et trouvèrent même Annabelle plus vive et mieux intégrée en classe où elle commençait à participer aux jeux avec les autres enfants.

Mais Maman aussi remarqua que les pantalons étaient trop grands à la taille et commença à se demander si Annabelle mangeait suffisamment chez moi. Est-ce que je m'étais mise en tête de lui faire suivre un régime ? Est-ce que je la privais de nourriture ? Elle m'expliqua que son mari et elle avaient beaucoup souffert dans leur enfance et que c'était un bonheur de pouvoir aujourd'hui nourrir leurs enfants à leur faim. Était-il pour autant nécessaire de remplacer l'eau par des sodas, de forcer Annabelle à terminer les plats même quand elle n'avait plus faim, ou de la laisser des heures devant la télé au lieu de lui proposer des activités motrices ? Je gardais mes réflexions pour moi, mais en Maman s'était immiscé le doute : Annabelle avait minci, donc elle n'était pas assez nourrie !

L'alimentation est un sujet bien sensible et comme souvent, les assistants maternels sont au cœur de la tempête. La diversification alimentaire à elle seule est un poème ! C'est le médecin qui détermine l'heure de la première purée, de la première compote. À qui viendrait l'idée que Bébé puisse choisir lui-même le moment idéal, le moment où lui commencerait à s'intéresser à la nourriture solide ?

Chaque médecin avance ses théories, ses statistiques, ses références. Les parents subissent ce dictat sans broncher : ce sont de bons parents, qui veulent bien faire et font confiance à leur médecin. Rien de plus normal. J'ai subi la même dictature culpabilisante lorsque j'étais moi-même jeune maman. Ce qui préoccupe tout le monde, c'est le risque allergique bien sûr. L'allergie, en forte hausse, est un problème de santé publique et il est bien compréhensible que chacun prenne cela très au sérieux : ce qui l'est moins, ce sont les consignes contradictoires qui en résultent, car on dit tout et son contraire dans ce domaine !

Nous qui voyons passer nombre de bébés, nous constatons ces contradictions au quotidien. On s'était à peu près accordés sur le fait de commencer la diversification à 6 mois, et c'est ce que la plupart des médecins préconisent, mais on apprend finalement que les dernières recherches (les recommandations européennes de 2008 peut-être ?) diraient 4 mois : mieux vaut ne pas trop attendre, pour éviter les allergies ! On pensait qu'il fallait mieux présenter un nouvel aliment l'un après l'autre, voire même le même aliment répété sur plusieurs jours : or, il vaudrait mieux selon certains, présenter tous les aliments en même temps... pour éviter les allergies, vous l'aurez bien compris. On pensait bannir les aliments notoirement allergènes comme les œufs, le lait de vache ou le poisson durant la première année ; certains préconisent désormais de les introduire au plus vite… pour éviter les allergies ! Comment l'avez-vous deviné ? Dans ces conditions il est bien compréhensible que l'assistant maternel le plus aguerri hésite à prendre la responsabilité de proposer un repas aux bébés.

La diététique est certes une science qui évolue, mais là, on en attrape le tournis !

Quant à préparer les repas des plus grands, c'est une autre histoire. Encore une fois c'est la hantise de l'allergie qui prévaut. Le comportement prudent indispensable lorsque l'enfant est porteur d'un terrain allergique familial est étendu à tous les enfants : principe de précaution ?! Certains formateurs n'hésitent pas à interdire l'introduction de nouveaux aliments, n'ayant pas encore été testés par les parents, de sorte que beaucoup de collègues jettent rapidement l'éponge et décident de ne plus proposer ce service aux parents. Comment gérer en effet la préparation d'un repas pour plusieurs enfants dans un cadre familial en respectant la liste des aliments « connus » de chaque enfant ? Faut-il aussi acheter les mêmes marques de produits avec les mêmes composants, les mêmes épices ? Difficile, voire impossible ! Le risque est-il plus grand chez l'assistant maternel qu'en crèche ? L'enfant, une fois à l'école, ne sera-t-il pas confronté à des aliments inconnus de lui ?

Notons tout de même que selon certaines études, c'est aussi une hygiène et une propreté excessives qui auraient favorisé l'augmentation alarmante des allergies : le corps normalement programmé pour se défendre contre les bactéries et les virus, ne trouvant plus d'ennemis à sa portée, développerait alors des allergies ? Encore une fois, il s'agit là d'une question de bon sens et d'équilibre : entre faire vivre les enfants dans la crasse ou dans un milieu stérile, trouvons le juste milieu ! On peut par exemple souligner que le contact avec les animaux de compagnie que certaines PMI voudraient interdire serait un non-sens : un argument de poids pour les assistants maternels harcelés à ce sujet. Au lieu de cela réclamons une meilleure formation pour savoir réagir en cas d'urgence : difficultés respiratoires, malaise, œdème… bien plus angoissant pour les assistants maternels que la présence de leur chien ou de leur chat.

Que dire des autres inquiétudes liées à l'alimentation : l'obésité, également en hausse chez les enfants avec tous les risques pour la santé qu'elle implique, est considérée comme une épidémie mondiale et le débat est ouvert aux États-Unis pour savoir si l'obésité infantile sévère peut être considérée comme une sorte de maltraitance impliquant le retrait de l'enfant à sa famille... Sont montrés du doigt les écrans – télévision, ordinateur, console de jeux – et le grignotage. Certaines idées pour lutter contre ce fléau sont des plus loufoques comme celle de donner des points bonus au bac pour les jeunes qui ne sont pas obèses ! Enfin le risque bactériologique : salmonelles, Listéria, Escherichia coli s'invitent parfois au menu. On se souvient de la folie médiatique de 2011 concernant le concombre tueur qui n'aura pas bénéficié de la présomption d'innocence, lui, laissant au bord de la route et sur la paille nombre de maraîchers. Mais là aussi, le risque est-il plus grand chez l'assistant maternel ? Que reste-t-il du plaisir de manger, du bonheur de la découverte, de l'apprentissage de la gastronomie, de la convivialité du repas partagé ?

Imaginons un simple goûter d'anniversaire. Nounou a préparé un bon gâteau au chocolat, les bougies sont allumées, la table décorée, les enfants ont chanté, les bougies sont soufflées, les petits tendent leur assiette et là... l'angoisse ! Des œufs, du lait, du chocolat, de la farine ? Horreur : Nounou cherche-t-elle à empoisonner ces enfants ? Lequel a le droit de manger quoi ? Celui-ci est trop jeune pour le chocolat, oui, non ? Celui-là a-t-il déjà mangé des œufs ? Et les autres, comment vont-ils réagir au lait de vache, au gluten ? Finis les goûters d'anniversaire chez Nounou : bien trop dangereux !

Chapitre VIII

La toupie en a le tournis…

Que de livres sur les étagères des libraires concernant le jeu, les jouets, l'éveil… On est un peu perdu devant tant de littérature. Et les magazines spécialisés aussi regorgent d'articles sur ce sujet. C'est vrai qu'on en aurait un peu le tournis ! On aurait pu imaginer naïvement que le jeu est naturel chez le petit enfant et que l'éveil se fait un peu tous les jours, pour peu qu'on s'occupe d'un enfant avec attention, car « on serait tenté de croire qu'il suffit, pour qu'un enfant *pousse* convenablement, de veiller à son arrosage ! »[24], mais rien n'est simple dans le monde de la petite enfance, en attestent tous ces ouvrages très savants. Dès les premières pages, on apprend que le jeu et l'éveil sont deux choses bien distinctes, attention à ne pas tout mélanger ! Et les jeux d'éveil, alors ? Bon là...

Les tout-petits

Bébé-Benjamin est arrivé depuis peu chez Nounou. Maman a repris le travail et l'adaptation s'est bien passée : nous avons pris tout notre temps, à doses homéopathiques. La première heure, Maman l'a passée avec nous, à observer jouer les autres enfants ; elle a dit que ça l'aiderait à mieux imaginer la vie de Benjamin chez Nounou. À la maison, Bébé-Benjamin est encore souvent dans ses bras ou dans le transat que Maman transporte avec elle d'une pièce à l'autre pour qu'il ne la perde pas de vue. Chez Nounou,

24. Epstein J., *Le jeu enjeu,* Paris, Dunod, 2011, p. 9.

il sera installé dans le parc, sur une jolie couverture colorée avec un portique où seront accrochés divers jouets, hochets, etc. Benjamin sourit, s'intéresse aux autres enfants et semble détendu ; Maman l'est un peu moins et c'est bien normal. Au début de l'accueil, il jouait principalement avec ses mains qu'il observait avec grand intérêt. Depuis peu, il réussit à attraper une petite peluche posée près de lui : tout d'abord, cela semblait être le fruit du hasard, mais à force de répéter le même geste à l'infini, il le maîtrise maintenant parfaitement. Alors Nounou l'encourage d'un sourire, le félicite et place de nombreuses petites peluches à sa portée pour qu'il puisse les attraper et jouer avec à loisir.

Aujourd'hui, c'est un grand jour : Manon a réussi à s'asseoir toute seule. Cela faisait déjà quelque temps qu'elle rampait avec enthousiasme, ravie de pouvoir enfin rejoindre les plus grands dans leurs jeux ; bizarrement ceux-ci semblaient apprécier modérément de la voir débouler au milieu de leurs constructions ou attraper leurs petites voitures pour les sucer avidement... De temps en temps, ils suppliaient même Nounou de la remettre dans son parc ! À force de ramper de la sorte et de pousser sur ses avant-bras, elle a fini par plier les jambes et après de nombreuses tentatives, tout à coup la voilà assise. Elle semble aussi surprise que Nounou qui a juste le temps de sauter sur l'appareil photo pour immortaliser ce grand évènement. Mais pas facile de trouver l'équilibre et la voilà qui part sur le côté : ouf, pas de bobos ! C'est qu'assise, on a une toute nouvelle vision des choses. Fini le regard au ras de la moquette, Manon découvre un tout nouvel univers. Ce sont les grands qui sont contents de voir Manon s'intéresser encore davantage à leurs jeux ! Maintenant que ses mains sont libres, elle adore faire du bruit en tapant inlassablement des objets entre eux et elle s'en donne à cœur joie !

Maman nous avait prévenus : durant les congés, Sophie avait appris à se hisser debout, d'abord dans son lit, puis maintenant partout où elle le peut. Elle tire sur ses bras et encore vacillante, se retrouve debout. Du coup, plus rien n'est en sécurité ! À la maison, Maman nous a raconté qu'elle a tiré sur la nappe et tout ce qu'il y avait sur la table lui est tombé dessus. Grosse émotion ! Sophie hurlant de peur, couverte de morceaux de verre cassé… Nounou est bien contente que ce ne soit pas arrivé chez elle ! Et c'est vrai, à peine posée au sol, voilà Sophie qui tente de se lever en se tenant à la table basse du séjour : elle rayonne de fierté ! Ce petit bébé qui, il n'y a pas encore si longtemps s'exerçait durant des heures à passer de la position plat dos sur le ventre et inversement, la voilà déjà debout prête à partir à la découverte du monde. Comme ces quelques mois ont vite passé ! Elle s'intéresse aux livres qu'elle regarde attentivement et mâchonne aussi un peu pour comparer les saveurs, elle passe de longues minutes à tenter d'encastrer des formes dans leur boîte, mais son jeu préféré reste bien sûr de laisser tomber un objet de sa chaise haute pour que Nounou le ramasse encore et encore...

Les moins petits, mais pas encore grands !

Depuis qu'il marche, Damien est un fou de foot ! Il donne des coups de pied dans tout ce qui traîne au sol, et mieux encore bien sûr, quand c'est un ballon. Lorsque nous allons au jardin, les autres enfants sont occupés au bac à sable ou au toboggan, Damien, lui, court après son ballon. Le jardin est un peu en pente et le ballon, respectant les lois de la gravité, roule toujours vers le bas, là où malheureusement c'est interdit d'aller parce que le cèdre pleureur laisse traîner ses branches au sol. Idéal pour se cacher, mais un peu dangereux aux yeux de Nounou… Et ce qui devait arriver arriva : Damien, pris par son jeu, court de plus en plus vite après son ballon dévalant la pente à vive allure, et s'engouffre sous les branches. Nounou, occupée au toboggan avec Sophie le voit partir du coin de l'œil, n'a que le temps de dire « attention ! »

et c'est déjà trop tard. Damien ressort des branchages victorieux, le ballon à la main et une grande griffure au travers de la figure. Il ne pleure même pas. Mais le cœur de Nounou, lui, loupe un battement : voilà ce qui pouvait arriver de pire ! Un enfant s'est blessé chez elle. Il faut examiner la plaie qui semble superficielle, nettoyer, désinfecter et tenter de réfléchir calmement. Damien, lui, veut juste retourner jouer au ballon et personne ne comprend l'attitude de Nounou qui semble si inquiète. La peau du petit, si blanche et fine, est maintenant toute boursouflée autour de la griffure et c'est affreux à voir. Elle aimerait prévenir Papa et Maman, mais ils ont des postes à responsabilités et elle ne doit pas les déranger pour rien… Maman restera très digne et pâlira juste un peu en découvrant l'état de son fils le soir venu.

Annabelle adore la peinture ! Elle aime beaucoup la peinture et la pâtisserie, et nous en faisons donc très souvent, presque tous les jours en fait, après l'école. Et le mercredi aussi, bien sûr. Pour la peinture, Nounou installe la petite sur une chaise spéciale pour les enfants, le genre de chaise suédoise modulable selon l'âge, protège la table et lui laisse choisir les couleurs. Ce sont de jolies couleurs liquides, dans des bidons ; on en verse un peu dans des petits pots. Annabelle prend les gros pinceaux et c'est parti pour de la créativité à l'état pur. Il n'y a aucune consigne à respecter, Annabelle fait ce qu'elle veut, utilise parfois aussi les mains quand les pinceaux ne suffisent plus et qu'elle a besoin de patouiller. Elle couvre de grandes feuilles de papier car sa créativité a besoin d'espace ! Elle est concentrée et surtout tellement fière du résultat : invariablement, ses peintures sont *pour Maman*. Ce sont vraiment de belles peintures ! Nounou essaie d'en détourner quelques-unes pour les accrocher chez elle, mais rien à faire, Annabelle a l'œil vif et n'est pas prête à en lâcher une seule. Chaque soir, elle donne à sa maman ses œuvres d'art avec bonheur. Nounou pense que ses parents vont bientôt pouvoir retapisser leur séjour ! Un soir Maman demande : « c'est quand même pas elle qui les fait toute seule, ces peintures ? » Et si... Quant à la pâtisserie, toute la famille de Nounou apprécie les mini-cakes aux pépites de chocolat, les tartelettes aux pommes, les sablés qu'Annabelle s'applique à confectionner avec bonheur, *presque* toute seule. S'il en reste après le goûter, Annabelle en rapporte aussi chez elle.

On dit bien des enfants aujourd'hui qu'ils sont très éveillés. Mais qu'entend-on exactement par là ? Certes nous n'avons pas fait d'études concernant les enfants, et notre formation n'en fait que très peu cas, en ce qui me concerne, pas du tout, mais instinctivement, nous nous doutons bien quelque part que notre travail concerne le maternage, mais pas seulement ! Car nous devons aussi veiller à l'épanouissement des enfants ; en voilà un objectif aussi noble que vague, non ? Mais nous savons bien que le temps de la petite enfance est primordial et pour beaucoup d'entre nous, la finalité autoproclamée de notre mission avec les petits est bien de les éveiller... mais à quoi ? Pourquoi et surtout comment ?

Ces petits bébés, dépendants des adultes pour leur survie, passent leur temps à dormir, manger et jouer. Si le jeu n'est pas naturel chez l'enfant, alors pourquoi les bébés jouent-ils ? De plus, ce jeu semble vraiment très sérieux, à bien observer les petits ! « Engluée dans le maternage et la prévention des risques de tous ordres, à la fois sanitaires et psychologiques, l'organisation de la vie des tout-petits ne prend guère en considération une donnée essentielle : leurs apprentissages. »[25] Chaque journée passée chez l'assistant maternel apporte son lot de nouvelles découvertes, d'émerveillements, de progrès et de petites ou grandes victoires. Bébé apprend la vie tout au long de la journée.

Mais sommes-nous réellement habilités à parler d'un sujet aussi sensible, nous qui ne sommes ni pédagogue, ni spécialiste

25. Rameau L., *Pourquoi les bébés jouent ?*, Savigny-sur-Orge, Philippe Duval, 2011, p. 7.

de l'éducation, ni psychologue : nous nous contentons, année après année d'accueillir régulièrement de nouveaux bébés et d'observer ces tout-petits qui nous sont confiés durant de longues heures chaque jour. Nous ne pouvons qu'espérer faire au mieux notre métier… « Le jeu des bébés n'est pas une affaire d'experts […] Il est l'affaire de tous ceux qui quotidiennement prennent les jeunes enfants dans leurs bras, les ont dans les jambes, dans la tête et dans le cœur. »[26] Voilà une magnifique définition de ce que sont précisément les assistants maternels !

Alors allons-y, puisque nous nous y sentons autorisés, essayons de savoir comment s'installe le jeu des bébés et surtout quel est notre rôle. Le bébé qui ne fait qu'un avec sa maman au tout début de sa vie, va devoir très vite s'apercevoir qu'elle ne peut toujours être à ses côtés. Si celle-ci sort de la pièce, et donc de son champ de vision, il l'a perdue pour toujours ! Pour combattre cette terrible angoisse, « il va se mettre à imaginer, et donc, à rêver de sa maman. »[27] C'est ce besoin de rêver qui va l'amener au jeu, par l'observation de tout ce qui l'entoure. Tiens, que fait ce hochet sur son tapis de jeux ? S'il le touche, il fait un joli bruit de clochettes : voilà une chouette occupation, en attendant que Maman réapparaisse ! Surtout si en revenant près de lui, Maman lui sourit et l'encourage à recommencer.

« L'enfant ne peut jouer que s'il a dépassé la problématique de la séparation et qu'il a établi une relation d'attachement avec la ou les personnes qui s'occupent de lui, et donc avec l'assistante maternelle. »[28] Roulement de tambour : c'est là que nous entrons en scène ! Petit coup d'œil dans le rétroviseur : que dit la formation ? En fait, c'est très variable d'un département à l'autre, d'un institut de formation à l'autre, d'un formateur à l'autre ; à quand

26. *Ibid.* p. 14.
27. Grivel-Larnicol C., « Comment naît le jeu chez l'enfant ? », *in Assistantes Maternelles Magazine,* n° 22, mars 2006, p. 9.
28. Thollon Behar M. P., « Accompagner le jeu : le rôle de l'assistante maternelle », *in Assistantes Maternelles Magazine,* n° 81, juillet-août 2011, p. 38-39.

un manuel qui servirait de référence à tous ? On estime peut-être que nous pouvons sans problèmes, après quinze jours de formation, commencer à accueillir des enfants sans avoir vu ces notions pourtant essentielles ou en ne les ayant que rapidement survolées ? Les questions éducatives, passent en général bien après l'hygiène et la sécurité. C'est vrai que pour certains, il est beaucoup plus utile que les assistants maternels apprennent d'abord dans le détail à passer la serpillière !

« Le corps, premier jouet de l'enfant, est un don précieux qui l'accompagne tout au long de sa vie »[29] C'est bien ce que nous observons lors de la première année : le rôle de l'assistant maternel est donc d'aménager l'espace pour que le bébé puisse l'explorer en toute sécurité. Nous nous montrons disponible, nous proposons un matériel adapté, nous sommes alors « dans une attitude d'observation contenante et sécurisante sur le plan affectif pour les enfants »[30], en restant physiquement et psychiquement présent durant ce temps du jeu. Plus le tout-petit sera laissé libre de ses mouvements et encouragé à passer d'une étape à la suivante, à son rythme, et plus épanoui il sera. Il ne reste plus qu'à transmettre ces observations à ses parents et nous aurons fait du bon travail !

Vous avez dit, transmissions ? Voilà qui peut paraître simple et qui ne l'est pas du tout ! Encore une fois aucun mode d'emploi, aucune formation. Que transmettre, comment et quand ? Choisir une petite anecdote de la journée qui montre bien toute l'attention qu'on porte au petit, raconter un petit évènement, mettre le doigt sur une difficulté ? Trouver le bon ton, la bonne distance ; tout cela est loin d'être toujours facile ! D'autant que certains parents ne souhaitent pas communiquer, il faut bien le dire. Manque de temps, des courses à faire, un aîné à aller chercher à la garderie. Un papa m'a dit une fois : « ce qui se passe chez

29. Forestier M., « La belle histoire de l'apprentissage de la marche », *in La revue des Auxiliaires de Puériculture,* nº 14, septembre-octobre 2009, p. 40.
30. Thollon Behar M. P., « Le jeu pour grandir », *in Assistantes Maternelles Magazine,* nº 79, mai 2011, p. 13.

vous ne nous concerne pas ! » Eh oui... Pour dialoguer, il faut être deux, au moins.

Quid de l'éveil ? « Écouter, goûter, voir, toucher, sentir... Curieux, Bébé s'empresse de découvrir son environnement par tous ses sens [...] Ainsi il s'éveille au monde, renforce ses capacités d'observation et développe sa mémoire sensorielle. »[31] Si le jeu peut être un des chemins qui mènent à l'éveil, c'est le plaisir qui est le moteur du jeu, dans un climat affectif serein. L'assistant maternel sait volontiers se montrer créatif en inventant nombre de jeux stimulant les sens du tout-petit pour compléter la panoplie « des jeux essentiellement visuels et auditifs que lui offre notre société. »[32] Tous les matériaux peuvent être utilisés pour faire découvrir de nouvelles sensations au bébé, tous les supports : vive le recyclage !

L'enfant moins petit, mais pas encore grand, est maintenant debout : beaucoup de nouvelles découvertes sont liées à ce début d'indépendance. « Les jeux sensoriels, encore pratiqués, sont quelque peu délaissés au profit de ceux relevant de la motricité et de la relation, bien que houleuses, avec les autres. »[33] Pour les assistants maternels commence généralement une période plus difficile : il faudra dire « non » cinquante fois par jour, veiller à éviter les accidents, les agressions, fixer des limites les plus claires possible. Ce petit bébé, hier encore si charmant, si souriant, change et surprend son entourage, montrant parfois un caractère bien trempé, car lui aussi va savoir rapidement dire non !

L'enfant est curieux de tout, profitons-en. Nous allons pouvoir commencer les activités d'éveil, un régal en ce qui me concerne ! Mais attention, les dangers qui guettent l'assistant maternel désireux de bien faire son travail, sont ceux de la surstimulation et de l'activisme. Le jeu du petit enfant est forcément

---

31. Benammar A., *Activités d'éveil des tout-petits,* Paris, Fleurus, 2011, p. 56.
32. Epstein J., Radiquet C., *L'explorateur nu,* Paris, Universitaires, 1999, p. 112.
33. *Ibid.* p. 55.

libre : liberté d'inventer, de détourner l'utilisation des objets et les modes d'emploi des jouets, créativité tous azimuts. La production d'objets à offrir aux parents, souvent magnifiques et dont nous sommes fiers, est de l'ordre du cadeau entre adultes, et à ce titre très utile pour créer du lien, mais n'entre pas dans le cadre de l'éveil. Une activité d'éveil n'a pas pour but de produire quelque chose si ce n'est du plaisir !

« Sous couvert de stimulation, d'éveil… on contraint parfois les enfants à faire des choses pour lesquelles ils ne sont pas encore prêts. Ne pas respecter leur rythme constitue ainsi une première forme de maltraitance »[34]. L'assistant maternel, dans ce domaine où il doit tout inventer seul, par manque de repères et de directives, cherche surtout à bien faire, et prend parfois exemple sur ce qu'il connaît en s'inspirant des apprentissages scolaires. Par peur d'être pris en flagrant délit d'être payés à *ne rien faire*, d'être mal jugés ou pire, de faire partie de ceux qui parquent les enfants toute la journée devant la télé (la honte de la profession !), les assistants maternels peuvent être tentés d'en faire trop. « Les jeux, les activités d'éveil, les activités manuelles ne sont pas présentés spontanément comme faisant partie de la fonction. C'est sans doute sur ce registre que les assistantes maternelles ont le plus à apprendre pour rendre visible ce qu'elles font avec les enfants »[35]

Pour tout cela il faut du temps, beaucoup de temps ! Et c'est peut-être ce facteur qui fait toute la différence chez l'assistant maternel qui propose un accueil familial où le petit enfant trouve une place toute naturelle : il lui laisse le temps de grandir et de s'éveiller à son rythme, loin du tumulte de la course à la performance. Dans un monde où tout va toujours plus vite, l'assistant maternel vit au rythme des tout-petits et fait le choix de la lenteur. Il leur laisse le plaisir de découvrir leur propre corps, puis leur

34. Epstein J., « Ces violences qu'on ne voit plus », *in* B. Cyrulnik, L. Rameau (sld.), *L'accueil en crèche,* Savigny-sur-Orge, Philippe Duval, 2012, p. 135.
35. Sellenet C., *Les assistantes maternelles, de la garde à l'accueil éducatif,* Paris, L'Harmattan, 2006, p. 166.

environnement et les autres, comme partenaires de jeu potentiels. Le temps est devenu une valeur rare dont leurs parents manquent parfois cruellement. Pourtant impossible dans ce domaine d'aller plus vite que la musique, il faut respecter le tempo ! Encore une histoire de patience, le point fort de l'assistant maternel, à n'en pas douter.

Et s'il est vrai que notre formation nous prépare bien mal à la réalité de notre métier, ne faisant que peu de cas des thèmes touchant à l'éducatif, s'il est certain que la majorité des assistants maternels n'a pas lu les livres des grands psychologues et pédagogues, nous savons tous que les premières années de la vie sont essentielles. Nous avons conscience de l'importance d'un travail dont nous sommes fiers. Ne luttons-nous pas souvent toute notre vie pour nous libérer de notre éducation ou pour surmonter les petits et grands traumatismes de notre enfance ? Il en est bien sûr de même pour les enfants que nous accueillons. Tout ce temps passé chez nous, dans notre famille, toutes ces expériences faites ensemble vont aussi les imprégner de souvenirs : souhaitons qu'ils soient les meilleurs possible !

Chapitre IX

Moi tout seul !

Comme le temps a passé depuis ce beau jour où Papa et Maman nous ont déposé Bébé vers 2 ou 3 mois, jusqu'au jour où ce beau petit garçon ou cette jolie petite fille prend son envol vers l'école, sans un regret, et sans regarder derrière lui ou derrière elle ! Tous ces apprentissages qui font que ce nourrisson totalement dépendant des adultes va devenir un petit être autonome, nous les avons accompagnés. Pour l'acquisition de cette autonomie, l'assistant maternel est aux premières loges !

De la marche...

Nounou fait un remplacement pour trois semaines. Grégoire, dont la nounou est en vacances, s'adapte bien. C'est un petit garçon de 15 mois, souriant et calme. Quand Papa l'amène pour la première fois, Nounou observe qu'il court à toute vitesse sur la pointe des pieds, Papa le tenant par les mains. Mais une fois seul, il ne tente pas de se lever et reste sagement là où on le pose… C'est un peu intrigant ! Le deuxième jour, même manège. Nounou demande alors s'il marche seul chez lui, en se tenant le long des meubles par exemple, ou s'il se lève au moins, mais non. Il ne court sur la pointe des pieds que lorsqu'il est soutenu par un adulte. Le mystère s'épaissit… Puis le troisième jour, Papa demande pourquoi Nounou n'a pas de trotteur, parce que Grégoire adore ça ; en fait, il passe ses journées dans le trotteur chez sa nounou et il aime tellement ça que Papa et Maman en ont acheté un aussi, où il passe également de longues heures, parce qu'il hurle dès qu'on fait mine de l'en sortir. Aïe ! Nounou comprend mieux pourquoi il court sur la pointe des pieds. Non, ici, il n'y a pas de trotteur…

Élise était à deux doigts de marcher seule. Elle trottinait en s'accrochant d'une poigne ferme à la main d'un adulte, mais refusait de se lâcher. Elle était à deux doigts de marcher depuis déjà plusieurs semaines en fait, et le temps commençait à paraître un peu long à ses parents, d'autant que son grand frère, lui, avait marché très tôt. Nounou répétait « à chacun son rythme ! » et surtout qu'il ne fallait pas comparer les enfants entre eux. En fait, Papa et Maman craignaient un peu que les premiers pas d'Élise ne se fassent chez Nounou. Il est sûr que c'est un évènement important, ce dont celle-ci avait bien conscience… Un matin, Papa et Maman s'attardent un peu sur le pas de la porte et prennent quelques minutes pour discuter avec Nounou ; on échange, on plaisante, on rit. Et tout à coup, Élise se lâche, quitte la main de Maman et fait quelques pas incertains vers Nounou. Quelle joie et quelle fierté ! Et demi-tour, quelques pas chancelants vers Papa ; une âme de diplomate, cette petite Élise !

… à la propreté

En ce joli mois de mai, Hugo porte une couche sèche depuis plusieurs jours déjà. Nous passons régulièrement aux toilettes, soit à sa demande, soit avant et après la sieste. Mais nous remettons la couche parce que Papa et Maman n'ont pas eu le temps d'acheter de slips. Nounou le félicite à chaque fois d'un « tu es grand, dis donc maintenant ! ». Et c'est un peu le problème en fait, car pour Papa et Maman, c'est encore un bébé. Leur petit bébé qu'ils voient grandir un peu trop vite. Le discours est d'ailleurs assez contradictoire : en même temps Hugo doit entrer en septembre à la maternelle, et en même temps l'acquisition de la propreté ne semble pas être une priorité ! Pourtant, Hugo est prêt lui. Puis vient le jour de l'inscription et de la visite de l'école : Maman et Papa ont pris leur matinée du vendredi pour cet évènement important. Hugo a très envie d'y aller dans cette jolie école pleine de copains potentiels. Alors durant le week-end, il va cacher ses couches, pour que Papa et Maman comprennent bien que c'est fini !

Camille, au mois de janvier, avait tout juste 14 mois et marchait déjà, un peu vacillante encore. Lorsque Nounou avait signé le contrat, il avait été longuement question de la propreté car ses parents estimaient que dès les premiers pas de leur enfant, il était nécessaire de commencer cet apprentissage. Ils avaient fait de même avec l'aîné et estimaient donc que c'était un bon principe. Nounou avait montré quelques réserves sur la question… De plus, chez elle, Camille ne montrait aucun intérêt pour les toilettes, qu'elle semblait fuir au contraire. Tous les matins, Maman déposait Camille en disant : « elle a fait ses besoins sur le pot, ce matin ! Mais bon… je vous ai mis des couches puisque chez vous ça ne marche pas. » Camille et Nounou avaient la pression ! Tous les jeux de la petite tournaient autour des couches : elle habillait et déshabillait les poupées à longueur de journée, leur mettait une couche, l'enlevait, leur donnait des fessées… Nounou observait ce manège, assez mal à l'aise. Que fallait-il en penser ?

De l'habillage…

Ce matin Hugo arrive en tongs ! Nounou est très surprise car c'est bien peu pratique en ville d'autant qu'Hugo ne marche pas depuis très longtemps et est encore un peu malhabile. Mais Maman lui dit « on a été obligé de les mettre, autrement il hurle. » C'est sûr, Hugo sait hurler à nous transpercer les tympans… Et Nounou demande, pleine d'espoir, s'il y a bien d'autres chaussures dans le sac, pour pouvoir partir en promenade dans de bonnes conditions : elle ne s'imagine vraiment pas sortir avec deux petits dans la poussette et Hugo en tongs ! Pour Maman et Papa, ce n'est pas un problème puisque Hugo est toujours porté dans leurs bras, à 2 ans, il ne marche jamais seul ; mais Nounou, elle, cela fait bien longtemps qu'elle ne porte plus ce joli petit ange aux boucles blondes, qui néanmoins, pèse son poids ! Pour Papa et Maman, c'est encore un bébé, mais pour Nounou, c'est l'aîné des trois enfants qu'elle accueille. Maman la rassure « oui, j'ai mis ses baskets, si vous arrivez à le convaincre de les porter ! » Mais oui, Nounou sait se montrer patiente et persuasive !

Dites-moi qui, mais qui donc, a inventé les pantalons taille basse pour les bébés ? Non, mais imaginez comme c'est pratique, ce pantalon très à la mode, stylé à mort et sûrement très cher, dont déborde gracieusement la couche de bébé ! Et qui finit invariablement par lui tomber sur les genoux. Dans le genre pratique, on trouve aussi les collants à jambières ; attachées, qu'elles sont les jambières, pour pas qu'elles se perdent sans doute. Allez enfiler ça à un bébé qui s'impatiente que la séance habillage dure plus que de raison ! Et les combinaisons de ski… il y a les pratiques et les bien pensées, et puis il y a les autres : une fois engoncés dedans et bien ficelés, les bébés ont tout du Bibendum© ! Les jolies petites robes à froufrou et à dentelle pour aller jouer à l'aire de jeux, ce n'est pas top. Les vêtements trop beaux, trop chers, trop fragiles, sont à garder pour la visite chez Papy et Mamie : pensez à Nounou qui doit habiller et déshabiller les enfants à longueur de journée. Chers parents, pensez au chapeau en été et au bonnet en hiver ! Et surtout à mettre un change au fond du sac en cas de pépin. Acheter pratique, si on veut que les enfants apprennent *à faire tout seuls.*

… à beaucoup d'autres « moi tout seul »

Nounou observe Louis, qui depuis trois semaines, apprend à s'asseoir sur une petite chaise : il y met toute la concentration et l'obstination dont il est capable. Première étape : se mettre à genoux sur la petite chaise en s'agrippant au dossier. Ensuite, opérer un demi-tour en dépliant une jambe puis l'autre ; vous imaginez bien que c'est là que les choses se gâtent à chaque fois ! Car il faut lâcher le dossier auquel on s'agrippait ; on déplie la jambe, on lâche une main, on commence le demi-tour… et on se retrouve par terre ! Pas grave, Louis recommence. Encore et encore. Nounou décide d'intervenir et de l'aider : une méthode plus simple, peut-être ? Moins acrobatique ? Louis regarde gentiment Nounou. Parce qu'il est très gentil Louis et voudrait lui faire plaisir. Alors tout sourire, il se met à genoux, agrippe le dossier, déplie une jambe… C'est sa méthode, il n'en démordra pas ! Trois semaines plus tard, Nounou annonce à Papa et à Maman que Louis sait s'asseoir tout seul. « On va acheter une chaise alors, maintenant qu'il sait faire ! »

Rémi a beaucoup grandi. Nous le constatons par exemple à la boîte aux lettres. C'est toujours lui qui a le droit d'y mettre les lettres, un privilège qu'il ne souhaite partager avec personne ; au début, il faut le soulever et l'aider à les glisser dans les fentes. C'est difficile ! Puis il ne faut plus que le soulever car il maîtrise le truc avec les fentes. Et un jour, il y arrive tout seul, en se mettant sur la pointe des pieds. Quelle fierté ! C'est sûr, c'est un grand maintenant ! Pour fêter l'évènement, nous décidons d'envoyer une carte de convalescence à Lisa qui est malade chez elle. Nous allons en ville, Rémi choisit une jolie carte. Il dicte son message à Nounou ; quelques mots suffisent. Puis nous faisons le tour de sa main comme signature. Rémi choisit un timbre et le colle. Et nous voici en route vers la boîte aux lettres près de chez Nounou où Rémi glisse adroitement la carte dans la fente. Il est radieux.

Puis tout à coup une inquiétude « Lisa, elle va pas pouvoir venir chercher sa carte dans la boîte si elle est malade ? »

Depuis quelques jours, Lisa mange toute seule. Les quantités ne sont toujours pas suffisantes, mais il y a néanmoins un progrès. Nous pensons, avec ses parents, que plus d'autonomie l'aidera peut-être à mieux manger et nous avons décidé de la laisser manger seule. Elle a développé sa technique bien à elle. D'une main, elle prend une grosse poignée de nourriture dans son assiette, puis elle essaie de la caser dans sa cuillère, avec plus ou moins de succès. Ensuite, des deux mains, elle porte le tout à sa bouche ! La moitié retombe dans l'assiette, ou à côté. Les premières cuillerées se passent plutôt bien, mais il ne faut pas montrer trop d'enthousiasme, car très vite elle se lasse. Dès qu'elle a rassasié son appétit de moineau, elle commence à étaler la nourriture sur la table puis très fière d'elle, se passe la main dans les cheveux… En face d'elle, Hugo mange de bon appétit : les bras collés au corps, il ne fait jamais mine de vouloir attraper sa cuillère ni de vouloir manger seul. Il ouvre la bouche et attend… c'est sûr, il n'est pas encore tout à fait prêt pour la cantine !

Même si nous n'avons officiellement aucune obligation de résultat en matière d'acquisitions ni d'apprentissages (pour le moment), nous pressentons bien qu'il est de notre devoir, de préparer du mieux que nous pouvons *nos petits bouts* à affronter la vie, ou tout du moins, plus modestement, à les préparer du mieux possible à la première étape : la maternelle ! Nous voulons être fiers du travail accompli avec eux depuis ce tout premier jour de leur arrivée, jusqu'au jour de la séparation et du grand saut dans l'inconnu du système scolaire, en espérant leur éviter écueils et remous. Nous passons le relais à d'autres professionnels qui vont les prendre en charge et nous espérons avoir été à la hauteur ! « L'enfance est une suite de premières fois : la première fois où l'on marche, la première fois où l'on parle… »[36] Et effectivement, durant ces trois ans d'accueil, que de premières fois chez l'assistant maternel, que de « moi tout seul ! » Nous avons, qu'on le veuille ou non, participé à leur éducation, et dans le meilleur des cas en accord avec leurs parents, nous les avons aidés à franchir une à une toutes les étapes vers une relative autonomie.

Néanmoins, l'autonomie, comme l'éveil, sont des notions bien difficiles à appréhender pour les assistants maternels. Notre formation en fait très peu cas. Et pourtant… n'est-ce pas exactement ce en quoi consiste notre travail quotidien ? De plus, nous pratiquons l'autonomie très concrètement dans notre vie professionnelle, puisque nous devons nous organiser seuls, définir les tâches à accomplir, déterminer des objectifs que nous nous sommes fixés et prendre les bonnes décisions en cas d'urgence, le tout entièrement livrés à nous-mêmes ! Même si nous mettons difficilement des mots sur ces notions complexes, et qui d'ailleurs, ne font pas l'unanimité chez tous les professionnels de la petite enfance, nous les pratiquons toute la journée. Beaucoup de pratique, très peu de théorie. Encore un des nombreux paradoxes de notre métier ! Nous y allons à l'instinct, un peu comme nous l'avons fait avec nos propres enfants, en essayant par-ci par-là de nous tenir au courant de l'évolution des pratiques, de nous informer, de nous former seuls.

« On confond souvent être autonome et « faire tout seul », alors que l'autonomie englobe bien davantage : c'est avoir du plaisir à faire par soi-même et pouvoir décider de ce que l'on veut faire, donc savoir ce que l'on veut faire. »[37] Et là, on est déjà un peu perdu… Le mieux, c'est de prendre un dictionnaire : alors « auto » vient du grec pour dire *soi-même*, et « nomos » pour dire *loi*, donc l'autonomie, ce serait : se donner à soi-même une loi ?

36. Rufo M., *Détache-moi ! Se séparer pour grandir,* Paris, Anne Carrière, 2005, p. 15.
37. Rasse M., Falk J., « Qu'entend-on par autonomie chez un jeune enfant ? », *Journal des Professionnels de l'Enfance,* n° 35, juillet-août 2005, p. 24.

Apprendre à penser seul ? Certes, on connaît beaucoup d'adultes incapables de prendre une décision, de faire un choix, de déterminer ce qu'ils aiment réellement au point d'être dépendants des modes dans tous les domaines, de gourous, de prophètes. Mais pour le jeune enfant, comment l'accompagner dans l'acquisition de cette autonomie si importante ?

S'il paraît nécessaire et même indispensable qu'il y ait un accord entre les parents et l'assistant maternel, sur la marche à suivre concernant des sujets aussi importants que l'acquisition de la propreté, par exemple, que faire lorsque finalement, les opinions divergent ? Bien sûr, nous avions évoqué dès notre première rencontre, le fait qu'il était important de respecter les rythmes des enfants. Nous en avions reparlé lors de la signature du contrat et insisté sur le fait que chaque enfant est différent, qu'il faudra savoir s'adapter, qu'en aucun cas nous ne mettrons un enfant *de force* sur le pot, ces abominables pratiques étant depuis longtemps révolues, et pour les plus modernes d'entre nous, nous avons peut-être signé un contrat d'accueil où tout cela est expliqué, et pourtant ? Avons-nous parlé dans le vide ?

Le parent peut estimer, le moment venu, qu'il est le seul détenteur de l'autorité parentale et que c'est à lui d'élever son enfant comme il le souhaite. Ah... L'assistant maternel qui lui, connaît les critères de l'acquisition de la propreté, les enjeux et les éventuelles complications liées au non-respect des différentes étapes du développement de l'enfant, aura néanmoins le plus grand mal à argumenter : c'est bien là que l'absence de formation théorique se fait cruellement sentir. De plus, contrairement au personnel de crèches, formé et diplômé, comment installerons-nous un réel dialogue avec le parent qui aura tôt fait de nous remettre plus ou moins brutalement à notre place ! Il est pourtant des parents qui dialoguent d'égal à égal avec leur assistant maternel, et cherchent même à profiter de son expérience, il en est d'autres pour qui nous ne sommes qu'un employé licenciable et remplaçable au moindre écart.

Sommes-nous dans l'impasse ? Allons-nous pouvoir négocier, en songeant au bien-être du petit ? La plupart des parents sont pressés que leur enfant soit « propre » ; les raisons nous les connaissons bien, puisque nous avons été parents nous-mêmes, dans la plupart des cas ! Il s'agit de s'éviter une corvée de moins en moins plaisante plus l'enfant grandit, d'alléger son budget, et surtout de le préparer à l'entrée en maternelle. Cette préparation prendra un temps et une toute autre définition suivant les parents. Entre ceux qui s'y prennent au dernier moment (c'est là que l'assistant maternel commence à angoisser !) et ceux qui s'y prennent bien trop longtemps à l'avance, ce n'est que grâce à sa légendaire souplesse que l'assistant maternel arrive à faire le grand écart entre ces différents fonctionnements.

En règle générale, la communication avec les parents devrait être au centre de notre formation ! Comment parler avec eux de décisions aussi importantes que celles liées à l'acquisition de l'autonomie, tout en ne remettant pas en cause leur autorité parentale ? Marcel Rufo dit « qu'il ne faut jamais toucher à la réserve d'espérance des parents ».[38] Comment répondre alors à une maman qui prétend que son enfant n'a aucun problème aux yeux alors que de toute évidence, il louche et a grandement besoin de lunettes ? Comment rassurer un parent dont l'enfant ne marche pas à 20 mois alors que médicalement, tout semble normal ? Comment, jour après jour, affronter le regard plein d'angoisse d'une maman dont l'enfant ne mange pas assez ? Comment réagir face à ces parents qui nous sollicitent ou nous repoussent, cherchant notre aide et la rejetant parfois en même temps ?

Comment alors accomplir tous ces gestes qui mèneront les petits vers une autonomie nécessaire, s'il y a désaccord sur les

38. Rufo M., *Tiens bon !*, Paris, Anne Carrière, 2011, p. 10.

méthodes et le *timing* avec leurs parents ? « Comment donner du temps et de l'espace à l'enfant pour qu'il puisse faire par lui-même ce qu'il peut faire, avec plaisir »[39] si nous sommes pressés par des parents, eux-mêmes souvent stressés par leur entourage, d'obtenir des résultats en matière d'apprentissages, quitte à surstimuler leur enfant en l'empêchant de faire les choses à son rythme ? Difficile d'ordonner à un enfant d'être *enfin autonome !*, du seul fait qu'il entre à l'école par exemple, si les bases n'ont pas été acquises en ayant pris tout le temps nécessaire pour cela.

Les enjeux sont immenses car « derrière la question de l'autonomie, c'est aussi celle de la liberté fondamentale de l'individu qui se joue. »[40] L'assistant maternel, conscient de ces enjeux et de sa responsabilité, peut se sentir bien démuni et bien seul entre ses quatre murs : l'éveil, l'autonomie et la communication ne sont abordés malheureusement que de manière très superficielle lors de notre formation et nous devons compter surtout sur notre bon sens et notre instinct pour faire face à des situations parfois bien complexes.

39. Rasse M., Falk J., « Qu'entend-on par autonomie chez un jeune enfant ? », *Journal des Professionnels de l'Enfance,* n° 35, juillet-août 2005, p. 24.
40. Rufo M., *Détache-moi ! Se séparer pour grandir,* Paris, Anne Carrière, 2005, p. 17.

Chapitre X

Du Petit Prince[41] au petit tyran ?

Lorsque les parents font le choix de la crèche, ils optent pour un accueil collectif ; leur enfant est un, parmi d'autres. La structure a son règlement intérieur et ses modes de fonctionnement auxquels ils adhèrent. Chez l'assistant maternel, ils recherchent un accueil familial, plus individualisé. Cependant, leur enfant va tout de même faire partie d'un groupe, bien que plus petit : il ne sera donc pas seul, ce que certains parents auront parfois tendance à oublier… Se pose donc la problématique des limites imposées à chacun pour pouvoir vivre ensemble en bonne harmonie. Ces limites, bien que tous ou presque les jugent utiles, seront tout de même très différentes selon les cultures familiales. L'assistant maternel a également les siennes et doit sans cesse jongler pour obtenir tout au long de la journée un fragile équilibre… souvent mis à mal dès que Papa ou Maman est là !

Papa, c'est le plus grand papa du monde !

Hugo arrive, comme tous les matins, porté dans les bras de Papa, et comme tous les matins, l'interrupteur de la lumière du couloir semble lui susurrer *allume-moi !* alors qu'il sait bien que Nounou ne veut pas ; combien de fois n'a-t-elle dit qu'il était interdit de jouer avec les lumières ? Mais dans les bras de Papa et du haut de ses 2 ans et demi, Hugo se sent très fort et prêt à prendre le risque de défier l'autorité de Nounou. Donc, le rituel

41. Fait référence à Saint-Exupéry A., *The Little Prince*, New York, Reynald & Hitchcock, 1943.

de l'interrupteur commence, tandis que Papa et Nounou tentent d'échanger quelques mots, entrecoupés de « ne touche pas l'interrupteur ! » et de « c'est interdit ! ». Papa finit par ne plus pouvoir ignorer l'air excédé de Nounou et décide de poser Hugo par terre. Celui-ci, sur la pointe des pieds, continue à allumer et éteindre la lumière, en s'assurant régulièrement de l'accord tacite de Papa, qui surprise ! fait tout à coup preuve d'autorité et gronde Hugo vertement… avec un grand sourire de connivence, qui lui montre à quel point il est fier de son fils et de leur belle amitié. Papa-copain part travailler, et Hugo ne touche plus l'interrupteur jusqu'au soir où le même rituel recommence.

Valentin est un petit garçon de 4 ans, intelligent et très attachant. Il veut souvent aider aux tâches ménagères, ce dont on ne peut que se féliciter ! Il prend donc les clefs de la voiture de Papa et aide à vider le coffre des sacs de courses : tout le monde est admiratif, car il sait aussi les ranger, les courses, le tout sans rien casser ni abîmer. Nounou commence à se dire que finalement, c'est peut-être une excellente chose de laisser les enfants jouer avec les clefs, puisque cela semble les inciter à plus d'autonomie… Chez elle pourtant, c'est interdit. Un lundi, Papa arrive encore tout bouleversé chez Nounou et lui raconte comment, samedi en rentrant du supermarché et après avoir sorti les fameuses courses, Valentin s'est assis dans la voiture les clefs à la main, l'a verrouillée de l'intérieur en narguant Papa et Maman qui tentaient de l'en faire sortir. Heureusement, le frein à main était bien serré. Il a fallu appeler les pompiers, expliquer la situation et faire face à des hochements de tête qui en disaient long… Mais comment Valentin a-t-il pu tromper leur confiance de la sorte, se demande Papa ?

Il est des personnes qui ne peuvent tout simplement pas arriver à l'heure, nous en connaissons tous ! Et Papa en fait partie. Une des raisons à cela est qu'il quitte régulièrement le bureau ou la maison à l'heure où il devrait déjà être chez Nounou, sans tenir compte du trajet ni des embouteillages, et donc arrive habituellement avec une demi-heure de retard. Nounou a abordé gentiment le problème plus d'une fois, proposé de changer les horaires, mais au bout de quelques jours, le résultat était finalement toujours le même : une demi-heure de retard ! Ce soir, Papa téléphone à l'heure où il devrait normalement arriver chez Nounou, de l'autre bout du département où il est malencontreusement coincé avec une panne sur une route secondaire. Il est désolé de ce nouveau retard, tout à fait indépendant de sa volonté et blablabla… Nounou est excédée car elle a, elle aussi, une vie privée et en l'occurrence ce soir-là, un rendez-vous chez le médecin qu'elle va devoir décommander. Le médecin est furieux, ne veut rien savoir des excuses de Nounou qu'il accuse de lui faire perdre son temps ! Papa arrivera avec deux heures et demie de retard, très ennuyé pour sa voiture…

Nounou qui a maintenant quelques années d'expérience derrière elle, s'est aperçue très vite avec ses propres enfants, de l'importance du respect des rythmes des enfants et en particulier du rythme du sommeil. Cette première impression s'est trouvée très souvent confortée au fil des accueils des tout-petits dont elle a eu la responsabilité. Pourtant, elle sait bien que c'est un sujet délicat, surtout lorsque l'enfant a des nuits agitées... Les parents en viennent tout naturellement à penser qu'il dort trop chez la nounou ! Et parfois de lui demander de « faire sauter » la sieste car il dormira mieux cette nuit. Et Nounou de répondre qu'elle peut difficilement empêcher un enfant fatigué de dormir... Papa arrive donc ce matin, en insistant sur le fait qu'ils ont décidé, sa femme et lui, de supprimer la sieste du matin, Manon ayant maintenant 18 mois. Nounou, qui sait bien que la petite est levée depuis six heures et tombe de sommeil vers onze heures, au point qu'elle s'est déjà endormie à table, piquant du nez dans son assiette, n'envisage pas une seconde de la priver de sommeil. Mais Papa insiste « on ne voudrait pas qu'elle prenne de mauvaises habitudes chez vous ! »

Maman, c'est la plus belle maman du monde !

Maman ne souhaite pas que Marilou regarde la télé parce que la télé, ce n'est pas bon pour les enfants. Pourtant, c'est Marilou qui réclame un dessin animé, le mercredi après une courte sieste tandis que les autres petits dorment encore… D'ailleurs, elle semble très bien connaître Bob et son éponge, Charlotte et ses fraises, Dora et ses explorations, ce qui bien sûr n'a pas manqué d'interpeller Nounou. Celle-ci comprend très bien la position de Maman et partage son avis concernant la télé. Il n'est bien sûr pas question de laisser Marilou ni aucun autre enfant des heures devant la télé, et encore moins devant des programmes inadaptés ; pourtant, un dessin animé alors que dehors, il pleut à verse et qu'on ne doit pas faire trop de bruit pour ne pas réveiller ceux qui dorment à l'étage, ne semblait pas une si mauvaise idée. Marilou raconte d'ailleurs comment Oui-Oui fait un gâteau pour Mirou et Nounou s'interroge « si tu ne regardes pas la télé chez toi, où as-tu vu Oui-Oui faire ce gâteau ? » Et la petite très naturelle « mais avec Papa sur l'ordi... » C'est sûr, la télé ce n'est pas bon pour les enfants !

Camille arrive à la porte de Nounou, la tétine à la bouche. Maman a été très claire : elle veut que Camille perde très vite cette mauvaise habitude, surtout sous la pression de Mamie qui a décrété qu'aucun enfant de la famille n'avait jamais eu besoin de tétine et se sentirait personnellement offensée si Camille dérogeait à la règle ! Donc, arrivée devant la porte et après avoir sonné, Maman retire sa tétine à Camille qui chaque jour gémit, pleure, hurle. L'échange matinal est difficile, Camille tapant du pied en tentant de récupérer sa tétine que Maman a posée bien en évidence sur le buffet de Nounou… Donc, les consignes du jour sont les mêmes que la veille et l'avant-veille : surtout pas de tétine ! Nounou demande : « et chez vous, autrement, ça se passe comment ? » Chez Papa et Maman, on n'a pas de temps à perdre avec les caprices de Camille et donc, pour avoir la paix, elle a en permanence la tétine dans la bouche, sauf lorsque Mamie est là, bien sûr. Mais on a toute confiance en Nounou pour qu'elle, qui a tout le temps et la patience nécessaires, arrive à convaincre Camille de s'en passer !

Pour arriver à attacher Lisa dans son siège-auto, Maman s'arme de patience ! Elle doit s'y reprendre de nombreuses fois, la petite se tortillant dans son siège jusqu'à réussir à redescendre, sortir de la voiture, courir autour et même certains jours sur la rue. Pour Nounou, c'est un spectacle difficile à regarder car même si l'impasse n'est pas très fréquentée, le risque est toujours là. Elle se demande où Maman trouve la patience, après une journée de travail bien remplie de se livrer tous les soirs au même rituel ; attacher la petite dans son siège relève de l'épreuve de force qui peut durer jusqu'à vingt minutes. Lisa se débat de plus belle, n'écoute rien et finit invariablement par hurler. Un soir Nounou n'y tient plus et décide de demander à Maman pourquoi elle s'inflige régulièrement un tel supplice. En fait, Maman voudrait que Lisa *comprenne* la nécessité de s'attacher en voiture, c'est pourquoi elle le lui explique longuement et elle le fera jusqu'à ce que Lisa accepte un jour d'elle-même, éventuellement, de se laisser faire. Mais enfin Nounou, qui redoute l'accident, ne voudrait pas voir Lisa se faire écraser !

Bébé-Benjamin a eu 1 an. La première bougie, c'est une étape importante qui a donné lieu à une grande fête et la maman de Benjamin décrit à Nounou la montagne de cadeaux que celui-ci a reçus à cette occasion. Maman est pragmatique : elle en a fait trois tas. Le premier tas sont les cadeaux que Benjamin a reçus le jour J et comme tous les enfants, c'est plutôt avec les papiers d'emballage et les rubans qu'il a joué. Le deuxième tas, ce sont des cadeaux qu'elle a mis de côté : elle les lui donnera au fur et à mesure, de sorte que le plaisir des nouveaux jeux s'étalera ainsi sur plusieurs mois. Le troisième tas enfin, composé de jouets inadaptés pour son âge, trop chers ou avec de petites pièces risquant d'être ingérées, eh bien Maman les a revendus sur Internet et en a tiré un bon prix, annonce-t-elle avec un grand sourire ! Il y avait même un premier téléphone portable, le croira-t-on ? Pourtant, perdu dans cette corne d'abondance, il y avait le petit livre que Nounou a offert. Un petit livre aux jolies couleurs, aux différentes matières et avec quelques sons : Benjamin l'a beaucoup aimé et Maman a remercié Nounou déjà plusieurs fois pour ce *magnifique cadeau.*

Les experts sont catégoriques : l'enfant-roi n'existe pas ! Ils s'y sont mis à plusieurs pour le chercher et, ils nous l'affirment, ils ne l'ont pas trouvé. Au contraire, ils nous mettent en garde contre un mythe dangereux, fabriqué de toutes pièces, et qui servirait d'alibi à la recherche toujours plus précoce de jeunes délinquants potentiels, en maternelle ou même de baby-délinquants dès la crèche. Nicolas Murcier nous dit : « je rencontre des enfants malmenés par la vie, inhibés, extravertis, abandonnés, joyeux, rêveurs, curieux [...] moribonds, piliers de bas d'immeuble, casse-cou. Des enfants sans-papiers, craignant de jour en jour des expulsions [...] des enfants connaissant très tôt le dénuement, la solitude, l'isolement, la précarité tant matérielle qu'affective, des enfants abusés, cognés, cabossés [...], mais des enfants-rois, jamais. »[42]

Ces experts en éducation qui n'ont pas trouvé d'enfants-rois sous nos latitudes devraient peut-être le chercher ailleurs ? Que dire de l'enfant-empereur en Chine, par exemple ? Dans ce pays

42. Ott L., Murcier N. (sld.), *Le Mythe de l'Enfant-roi,* Savigny-sur-Orge, Philippe Duval, 2011, p. 34.

qui a opté pour l'enfant unique, il ne fait sans doute pas bon être assistant maternel, pour peu que ce métier existe ! Sans famille élargie, sans oncles ni tantes, ni cousins ni cousines, l'enfant sans fratrie est *vraiment* au centre de l'univers de ses parents « mais cela n'améliore ni les parents ni les enfants. Maintenant, il y a des millions de géniteurs crispés, inquiets et hystériques trottant derrière un fils qui se croit l'empereur. Notre pays devient une fabrique d'égoïstes surveillés par des névrosés », comme nous le confie Madame Ming[43]. Quel immense terrain d'expertise, quel laboratoire expérimental grandeur nature pour les chercheurs, quel chalenge pour les pédagogues !

Nous qui ne sommes certes pas des experts, nous les côtoyons pourtant tous les jours, ces enfants qui ne connaissent aucune limite ! Élevés par des parents émerveillés et attendris devant leur progéniture, incapables de fixer la moindre règle de peur de les contrarier et de les brimer, et pour qui autorité et autoritarisme abusif ne font qu'un. Nous les connaissons bien ces gentils parents, qui voulaient bien faire et qui, très vite dépassés par l'énergie de leurs enfants, nous les déposent le lundi matin en disant « il/elle a été terrible tout le week-end ! » et partent en courant au travail en nous souhaitant bonne chance. Quelle maman n'est jamais arrivée le matin, un œil maquillé et l'autre pas, car il avait fallu ramasser à la hâte, les céréales que Bébé avaient jetées au mur ? Quel papa n'a pas sonné à notre porte, Bébé encore en pyjama, avec la couche de la nuit, parce qu'il avait catégoriquement refusé de se laisser habiller ?

Et combien de « vivement qu'il/elle aille à l'école, je ne peux plus le/la supporter ! » de la bouche des parents, en fin d'accueil ? On compte sur l'école pour les éduquer ? Qui pense à l'instituteur/trice qui va accueillir dans une classe plus d'une vingtaine d'enfants dont certains qui ne connaissent aucune limite ?

---

43. Schmitt E.-E., *Les dix enfants que madame Ming n'a jamais eus,* Paris, Albin Michel, 2012, p. 68.

Pourtant, on attendra de lui ou d'elle une parfaite maîtrise, une gentillesse et une douceur exemplaires, jamais un mot plus haut que l'autre et surtout aucun geste violent, pour faire face à des enfants qui ne connaissent aucune règle de vie, ne savent ni s'asseoir, ni rester tranquilles, ni se taire, et pour lesquels le respect de l'autre est une notion inconnue. Si chez nous, ils sautent sur le canapé, donnent des coups de pieds dans les meubles, hurlent à la moindre frustration pendant des heures, ou jettent la nourriture par terre quand le menu ne leur convient pas, que va-t-il se passer à l'école ? Ils sont encore bien petits, c'est vrai, mais sont-ils alors aptes à être scolarisés s'ils ne sont pas un minimum socialisés et capables de vivre en groupe ?

Sans doute ne parle-t-on tout simplement pas de la même chose ! Si les assistants maternels connaissent bien ces enfants-là, de véritables petits tyrans à vrai dire, ces enfants non élevés, ceux qui ne reçoivent pas d'éducation et auxquels on n'impose aucune limite, c'est qu'ils existent bien, mais sont en fait des enfants victimes : « l'absence d'éducation est une maltraitance. Elle est aujourd'hui en France la maltraitance la plus problématique et la plus répandue. »[44] Ces enfants couronnés rois n'ont aucun royaume sur lequel régner : ce sont des « rois nus »[45] sur la tête desquels la couronne semble peser lourd de solitude, d'enfermement, d'angoisse et d'incompréhension. « L'enfant-roi est devenu ainsi une véritable passion publique, un véritable bouc émissaire sociétal. »[46] Nous qui entrons dans l'intimité des familles, nous voyons chaque jour se tricoter de futurs drames. Si certains parents n'arrivent pas à s'imposer face à leur enfant de 2 ans, qu'en sera-t-il à l'adolescence ? Nous ne serons alors certes plus concernés par leur accueil, mais nous nous retrouverons parfois

44. Halmos C., *L'autorité expliquée aux parents,* Paris, NIL, 2008, p. 152.
45. Ott L., « Le roi est nu ! », *in* L. Ott, N. Murcier (sld.), *Le Mythe de l'Enfant-roi,* Savigny-sur-Orge, Philippe Duval, 2011, p. 94.
46. *Ibid.*

face à eux dans la rue, dans les transports en commun, dans la rubrique faits-divers des journaux…

Marie-Paule Thollon-Behar se demandait en 2011 si éduquer aujourd'hui était devenu une tâche impossible ?[47] Car en 1968, si on avait trouvé la plage sous les pavés, on avait aussi décrété qu'il était interdit d'interdire. Cette génération s'est alors libérée du carcan que représentait une éducation trop rigide. « Depuis, ce courant d'idées sur l'éducation ayant montré ses limites avec la multiplication des "enfants-rois", les éducateurs, parents, professionnels de l'enfance sont à la recherche d'un nouveau modèle éducatif, quitte à restaurer une attitude autoritariste, dans un retour de balancier. »[48] Pourtant, les règles, les limites, l'autorité, le respect, l'obéissance, l'éducation et la discipline ne sont pas des gros mots, pour peu qu'on les utilise à bon escient ! C'est très tôt dans son développement que l'enfant comprend les limites et les interdits qui lui sont posés, et n'est-ce pas le rôle de l'adulte de protéger *et d'éduquer ?*

En effet, on nous dit aujourd'hui *a contrario*, qu'il est permis d'obéir[49] car sans obéissance, pas d'éducation possible. Mais l'obéissance n'est pas la soumission qui s'obtient, elle, par la contrainte. « Obéir n'est pas se soumettre : dans la soumission, je suis contraint à faire ce que veut l'Autre, alors que dans l'obéissance, je veux bien faire ce qu'il veut, j'y consens. »[50] Et l'apprentissage de l'obéissance pendant l'enfance permet aussi de pouvoir prendre la liberté de désobéir à l'âge adulte ! Impossible à ce stade de ne pas évoquer Françoise Dolto dont le message révolutionnaire fait dire à certains qu'elle est à l'origine de la fabrique des enfants-rois. Claude Halmos nous explique cependant que « le message de Françoise Dolto est double et c'est cela que l'on

47. Thollon Behar M. P., « Éduquer aujourd'hui : une tâche impossible ? », *in Journal des Professionnels de la Petite enfance,* n° 72, septembre-octobre 2011, p. 62.

48. *Ibid.*

49. Marcelli D., *Il est permis d'obéir,* Paris, Le Livre de Poche, 2012.

50. Cyrulnik B., *Autobiographie d'un épouvantail,* Paris, Odile Jacob, 2008, p. 163.

oublie. Elle dit que l'enfant est un être à part entière, mais – elle ajoute un "mais" – il est un être en construction qui a besoin, pour se construire, de l'autorité des adultes, des limites qu'ils lui mettent, etc. »[51]

Alors pourquoi est-il si difficile pour certains parents d'être autoritaires avec leurs enfants ? Ils veulent pourtant les aider à se construire, l'autorité étant alors pour eux un devoir, puisque sans elle, aucune éducation n'est possible. Arrêtons donc de penser que *ça se fera tout seul* en grandissant, de compter sur la nounou qui elle, a le temps et la patience, de compter sur l'école comme la panacée à tous les problèmes. Car tous ces soucis reviennent en boomerang à l'adolescence, croyez-moi, et souvent puissance dix ! La légitimité que ressent l'adulte à s'imposer fermement, la certitude qu'il agit pour le bien de l'enfant, sont le seul moyen pour qu'il obéisse en acceptant cette autorité : la confiance en l'adulte qui s'inscrit à ce moment-là sera alors, avec un peu de chance, encore présente au moment de l'adolescence.

Les difficultés de certains parents à faire preuve d'autorité peuvent être multiples : peur de perdre l'amour de leur enfant, peur de verser dans un autoritarisme abusif et arbitraire qu'ils ont peut-être connu eux-mêmes, peur de faire souffrir leur enfant, de brimer sa créativité, peur d'être de mauvais parents tout simplement. S'ajoute à cela, après une journée de travail épuisante, l'envie d'harmonie et pas celle de jouer au gendarme ! L'impression de passer le peu de temps qu'on partage avec son enfant, à gronder, à punir et à crier… alors qu'on rêve de moments calmes et agréables. Il va encore falloir sévir, alors qu'on n'en a aucune envie ; on peut avoir un étrange sentiment d'échec car en aucun cas, on ne voudrait agir de façon blessante ou humiliante vis-à-vis de l'enfant, et risquer de tomber dans la

51. Halmos C., *L'autorité expliquée aux parents,* Paris, NIL, 2008, p. 22.

maltraitance. Encore plus difficile, à n'en pas douter, si Nounou affirme que chez elle, tout va bien !

Osera-t-on ici parler de sanction, de punitions, voire de châtiments corporels ? Comment en effet réagir lorsque l'enfant transgresse la règle, désobéit, tire les cheveux, agresse les autres : eh oui, si « ça mord à la crèche »[52], par exemple, ça mord aussi chez l'assistant maternel à n'en pas douter ! Alors que faire ? Car les enfants ne sont pas toujours des anges ; ils savent nous pousser à bout, nous mettre en échec, nous pousser dans nos retranchements, et nous aussi, nous avons nos limites ! Beaucoup de parents mettent l'enfant qui désobéit au coin ; personnellement j'utilise *la chaise à réfléchir.* L'enfant, qui regarde les autres jouer sans pouvoir se joindre à eux, comprend (peut-être ?) qu'il a dépassé les bornes. D'autres comptent un, deux, deux et demi… trois ! Et ensuite ? Il faudra être prêt à faire ce dont on a menacé, au risque de perdre toute crédibilité.

Et la fessée ? Quel débat ! Même si l'on est intimement persuadé que la violence physique est un aveu d'impuissance, à proscrire absolument, que le parent qui n'a jamais donné de fessée à son enfant, sous le coup de l'épuisement et de l'exaspération, jette la première pierre. Claude Halmos soulève plusieurs points de réflexion à ce sujet, en affirmant qu'il ne faut ni banaliser ni diaboliser de tels gestes : ne pas banaliser, car il s'agit d'une violence d'un plus fort sur un plus faible, et d'une atteinte au corps de l'enfant. Ne pas diaboliser, car, s'il s'agit d'un geste rare et uniquement dû à une situation particulièrement difficile, le fait de « faire passer la fessée occasionnelle d'un parent aimant pour un acte maltraitant est non seulement une absurdité mais, qu'on le veuille ou non, une façon de nier ce qu'est la vraie maltraitance. »[53] Reste que pour nous, professionnels de la petite enfance, de tels

52. Léonard-Mallaval M., *ça mord à la crèche,* Paris, Érès, 2009.
53. Halmos C., *L'autorité expliquée aux parents,* Paris, NIL, 2008, p. 144.

gestes sont interdits, d'où la nécessité évidente de se faire respecter autrement !

De la coéducation, il est bien souvent sujet actuellement. L'assistant maternel participe à l'éducation des enfants, mais à qui revient le rôle de prendre les décisions importantes ? « Qui dira la loi, peut-elle être commune, les punitions ou les limitations imposées à la volonté de l'enfant seront-elles acceptées ? »[54] Y a-t-il une délégation temporelle de l'autorité parentale ? Peut-il y avoir un consensus sur tous les sujets : sommeil, tétine, doudou, port des chaussons, repas, télé, propreté, politesse, et tant d'autres ? « Ceci étant dit, rien n'empêche l'assistant maternel, dans le secret de son domicile, de maintenir son propre cap contre l'avis parental. »[55] Une remarque qui risque de choquer et d'inquiéter bien des parents, non ? Les professionnels que nous sommes ne feraient-ils pas mieux d'apprendre à communiquer et à négocier ce qui est négociable, pour pouvoir travailler sereinement et en toute transparence ?

Et nous voici revenus au problème de notre formation ridiculement courte et incomplète. Celle-ci fait très peu cas des sujets éducatifs comme l'éveil, un thème essentiel comme nous l'avons vu. Elle s'intéresse encore moins à l'acquisition de l'autonomie, si fondamentale pour l'avenir, et aux limites à imposer pour bien grandir, mais passe surtout à côté de l'indispensable communication sur tous ces sujets avec les parents. Comment, à vrai dire, acquérir tout cela en quatre semaines ? Pourtant, combien de problèmes et de drames seraient évités, dont les premières petites victimes sont les enfants tiraillés entre les conflits d'adultes, si nous étions un tant soit peu mieux formés dans tous ces domaines ! Est-ce une question de budget, de manque de volonté politique, de manque d'information ou de clairvoyance ? Pourquoi laisse-

54. Sellenet C., *Les assistantes maternelles, de la garde à l'accueil éducatif,* Paris, L'Harmattan, 2006, p. 165.
55. *Ibid.* p. 168.

t-on l'assistant maternel se débattre seul devant la difficulté de toutes ces problématiques ? *Help !* Y a-t-il quelqu'un à l'écoute sur la planète formation ?

Chapitre XI

Chat, chien et poissons rouges

Comme nous l'avons vu précédemment, l'assistant maternel propose un accueil de type familial. Il ne paraît donc pas incongru qu'on trouve à la maison, un conjoint, des enfants et comme dans presque toutes les familles françaises, un animal de compagnie ! Oui, mais… rien n'est simple pour nous, comme vous l'avez découvert au fil des chapitres ; encore une fois, cela pose problème. Que nous ayons un chat, un chien, une mygale (plus rare), un furet (très à la mode), un rat (fait fureur chez les ados traversant leur période *la vie est nulle !*), ou des poissons rouges, le Conseil général doit en être informé. Et là encore, on constate une grande disparité de traitement suivant les régions.

Pourtant, les animaux apportent tant aux enfants ! Aujourd'hui où veaux, vaches, cochons sont devenus pour nos enfants aussi exotiques qu'un éléphant ou une girafe, comment recréer ce lien pourtant unique entre les animaux et les enfants ? À l'époque où l'hygiène et la sécurité n'étaient pas gravées en lettres d'or, les enfants étaient bien plus familiarisés avec les animaux. Étaient-ils pour autant plus souvent malades ? Ne développaient-ils pas au contraire le sens des responsabilités, l'autonomie et le respect des autres ? Aujourd'hui, on visite une ferme comme un musée…

Cette sortie est planifiée depuis longtemps : c'est un peu « la sortie de fin d'année », que nous faisons en juin, comme pour les écoliers. La mini-ferme « la libellule », c'est un endroit vraiment merveilleux ; cette ferme pédagogique, ouverte au grand public, existe déjà depuis des années, et c'est un bonheur chaque fois renouvelé d'y aller avec les petits. C'est l'occasion de leur faire découvrir les animaux de la ferme, en toute proximité, puisqu'ils peuvent enjamber les barrières des enclos pour approcher, toucher, caresser et câliner les bébés animaux, sans aucun danger. C'est toute la différence avec un zoo, où ils restent passivement dans la poussette ou derrière une vitre à observer des animaux qui s'ennuient autant qu'eux. Ici, aucun ennui à l'horizon ! Louis, qui est un grand avec ses presque trois bougies, a tôt fait de passer par dessus la barrière pour jouer avec les bébés lapins qui courent en tous sens : il se souvient très bien de la visite de l'année dernière, d'autant que nous avons regardé l'album photos avant de venir. « Regarde, Nounou, c'est lui que j'avais caressé la dernière fois ! » difficile de lui expliquer que celui de l'année dernière est sûrement arrière-grand-père entre-temps… Mathieu est plus circonspect : le petit veau lui paraît tout de même bien grand, du haut de ses 2 ans. On lui a dit qu'il pouvait s'approcher, mais il préfère garder ses distances. Il observe les grands yeux du veau, avec ses longs cils, et le regard si doux. Il tend une petite main et caresse doucement le pelage. Manon reste dans les bras de Nounou et observe l'animation du poulailler : nous chantons « une poule sur un mur... », mais les enfants ne se laissent pas déconcentrer pour autant !

Ici, comme chez nous, le biberonnage se fait à heures fixes ! Et c'est l'heure justement pour les agneaux de recevoir les biberons que les enfants vont leur donner. Tout le monde se précipite pour ne pas louper l'attraction. Louis est au premier rang et tend fièrement le biberon au petit agneau devant lui. « Ça tire fort, dis donc, Nounou ; il a très faim ». Mathieu est encore un peu petit pour donner le biberon, alors il s'approche du fermier qui trait une chevrette un peu à l'écart : le fermier lui explique comment se déroule la traite et le lait fumant fait des bulles dans le seau à ses pieds. Tout à coup le fermier asperge les enfants qui l'entourent de lait : Louis, comme les autres, rit aux éclats. Certains un peu plus âgés, sont initiés à la traite et peuvent même goûter le lait. Si vive d'habitude, Manon regarde la scène, très calme. Elle a pu donner quelques grains de maïs aux poules, c'était son aventure du jour ! Que pensent les petits de ces animaux qu'ils ne voient plus que dans leurs albums ? L'étable, l'écurie, le poulailler, la porcherie ont un succès fou auprès des enfants et l'après-midi passe trop vite. Nous rapporterons un prospectus aux parents pour qu'ils puissent refaire cette merveilleuse sortie en famille et les enfants seront sans doute fiers et ravis de montrer ce qu'ils connaissent déjà !

Ce matin, Chouka, le lapin nain de ma fille est mort. C'était une belle petite boule de poils, couleur caramel et blanc. Une « tête de lion » pour ceux qui connaissent ! Il avait une espèce de houppette sur le devant de la tête qui lui donnait un air particulièrement fripon. Il était en semi-liberté dans le jardin, dans une grande cage à étages, avec sa compagne Léo. Elle s'appelait Léo parce qu'on nous l'a vendue pour un mâle jusqu'au jour où elle a eu des bébés. Vous imaginez notre stupéfaction ! Les petits que j'accueille avaient le droit de leur donner des carottes ; c'était d'ailleurs un excellent moyen de détourner leur attention quand la séparation du matin avec les parents était un peu difficile ; « tu veux porter une carotte aux lapins ? » et hop, le gros chagrin était oublié. Lorsqu'aux beaux jours nous étions dans le jardin, c'était un bonheur d'observer les lapins jouer, cabrioler, détaler à toute vitesse, creuser des terriers, se nettoyer mutuellement. Certains jours où ils restaient couchés chacun à un autre bout de la cage, on soupçonnait une scène de ménage ! Chouka partageait notre vie depuis plusieurs années déjà ; nous avions un peu perdu le décompte, mais il avait déjà participé à deux déménagements. Et puis ce dimanche matin, il était resté couché, sans bouger dans sa cage, veillé par sa compagne. Nous l'avons alors allongé délicatement dans une boîte à chaussures, entouré d'herbe et de morceaux de carottes pour « le grand voyage », enterré dans le jardin et planté par-dessus un joli rosier pour marquer l'endroit.

Nous lui avons tous dit au revoir avec solennité. Ma fille avait du chagrin bien sûr, et je me demandais comment annoncer le lendemain cette nouvelle aux petits.

Le lundi, j'ai glissé un mot à chaque parent dans notre cahier de liaison, en leur expliquant la situation et en leur demandant ce qu'ils souhaitaient que je dise à leur enfant concernant la disparition de Chouka. La maman de Lilou m'a répondu le lendemain matin qu'il ne fallait pas faire toute une histoire pour un lapin, qu'il fallait dire la vérité aux enfants ; le lapin était mort et c'est tout. La maman de Rémi m'a dit qu'elle me faisait confiance et de le présenter comme je voulais. Et la maman de Lisa m'a dit qu'elle se prendrait un peu de temps le soir pour que nous annoncions ensemble cette nouvelle à sa fille. Dans la journée, j'ai beaucoup réfléchi à ce que j'allais dire, comment le présenter autant pour respecter ce que m'avait dit chaque parent, que pour faire ce que je pensais être le mieux pour les enfants. Lilou et Lisa étaient encore petites… Je pensais que dire simplement « Chouka est mort » ne représenterait absolument rien pour elles à cet âge-là. Comment s'imagine-t-on la mort à 2 ans et demi ? J'ai choisi la solution de facilité et finalement, lorsque nous sommes sortis dans le jardin et que les enfants ont constaté l'absence de Chouka, je leur ai dit qu'il était parti en vacances. Cela n'a posé aucun problème et les enfants ont repris leurs jeux sans s'en soucier davantage. Et moi, j'étais assez fière de cette solution. Quelques mois plus tard, alors que cette histoire était oubliée depuis longtemps, Rémi est venu me voir et m'a dit tout bas « tu sais, Nounou, moi je crois qu'il est mort Chouka, parce que des vacances aussi longues, ça n'existe pas ! »

J'ai toujours aimé l'expression « c'est la mort du petit cheval ! » Non que j'aie un esprit particulièrement morbide, ni que j'en veuille aux chevaux, mais cette expression me parle, tout simplement. Comment évoquer la mort avec les petits, en tant qu'assistant maternel ? La mort d'un grand-père, d'un copain, d'un petit animal de compagnie. Comment aborder ce sujet avec les enfants, en respectant les croyances de chaque famille sans aller à l'encontre des nôtres ? Difficile d'expliquer à l'un que le disparu est au ciel et nous observe à travers les nuages, à l'autre qu'il est enterré et ne reviendra jamais, et au troisième qu'il est parti retrouver ses ancêtres... Il faut mieux trouver une explication simple qui convienne à tous. Je me souviens de mon fils qui m'avait demandé à brûle-pourpoint « dis Maman, quand tu seras morte, tu préfères être enterrée ou être cuite ? ». La mort interpelle les enfants ; ils sont curieux du *pourquoi* et surtout du *après.*

« L'enfant découvre que ceux qu'il aime peuvent disparaître. Il rencontre la mort comme une rupture des liens affectifs et c'est bien souvent son compagnon animal qui lui sert d'objet transitionnel. »[56] On peut estimer que ce sujet délicat et sensible devrait être abordé principalement en famille, chacune ayant ses traditions religieuses propres ou ses priorités en matière de transmission, mais le petit enfant accueilli dans un cadre familial peut aussi être confronté à la mort chez son assistant maternel, en particulier la mort d'un animal de compagnie. Il faudra aborder ce sujet avec doigté et mesure, si possible en accord avec les parents pour que les discours ne se contredisent pas. On peut aussi s'aider d'un petit livre, suivant l'âge des enfants, pour dédramatiser et illustrer le sujet.

Il faudrait surtout éviter que l'enfant ne se sente responsable, d'une manière ou d'une autre, de la mort de l'animal. Même si les enfants accueillis par l'assistant maternel sont par définition petits, ils comprennent beaucoup de choses, mais à leur manière, avec des explications qui pourraient nous surprendre parfois ! Attention aux mots employés devant les enfants. Je me souviens de la mort du canari de ma grand-mère : le soir j'avais encore redit à quel point ses piaillements perçants étaient insupportables,

56. Deunff J., Bacqué M.-F., *Dis maîtresse, c'est quoi la mort ?*, Paris, L'Harmattan, 2001, p. 11.

et le lendemain matin, le canari avait été retrouvé mort. Encore aujourd'hui, le regard plein de soupçons de ma grand-mère pèse sur moi ! Mon sentiment de culpabilité était bien présent, alors que je n'avais attenté à la vie du piaf agaçant qu'en pensées, certes virulentes, mais sans passage à l'acte. Je me retrouve encore parfois mal à l'aise, scrutée par l'œil rond d'un oiseau qui semble empreint de ressentiment…

La France est championne d'Europe avec ses 61,6 millions d'animaux de compagnie[57]. 51,2 % des ménages possèdent au moins un animal et les familles ont même souvent plusieurs animaux à la maison. Il semblerait qu'en période de crise, ils représentent une valeur refuge ; nos petits chats et nos petits chiens sont de plus en plus chouchoutés ! Il est donc naturel que dans le cadre d'un accueil de type familial, on retrouve la même proportion d'animaux chez l'assistant maternel que dans le reste de la population. Pourtant, certains Conseils généraux cherchent à interdire tout contact entre les enfants accueillis et les animaux de l'assistant maternel. On exige que *soient aménagés un enclos, une niche, un espace séparé*. Au pire, une pièce de confinement. Au pire du pire, une pièce de confinement dont l'animal ne sortirait plus, même hors de la présence des enfants, *afin que l'enfant n'entre en contact avec aucun poil* ; cette mesure difficilement applicable serait rare et relèverait du fanatisme hygiénique, non ?

Comment expliquer à l'enfant de l'assistant maternel que son chien ou son chat, va devoir rester enfermé toute la journée ? Quel crime a-t-il commis ? Bien sûr, il s'agit là encore de mesures destinées à lutter contre les problèmes liés aux allergies respiratoires et cutanées, ainsi qu'à la possible transmission d'infections véhiculées par l'animal, aux éventuels accidents. « Les mesures

---

57. Seres A., Animaux de compagnie : la France championne d'Europe, enquête Santé Vet du 11/05/2011, www.lefigaro.fr

d'évictions me paraissent parfois excessives [...] Dans certains cas, les mesures prises sont traumatisantes pour l'enfant et le propriétaire de l'animal alors que le bon sens permettrait de trouver d'autres solutions. »[58] Prévention et éducation à l'hygiène seraient les maîtres mots permettant une cohabitation harmonieuse entre l'enfant et l'animal.

Pour l'enfant ne présentant pas de fragilité particulière, la présence d'un animal est bénéfique à tout point de vue, ainsi qu'en attestent nombre de recherches. Selon le pédiatre Lyonel Rossant[59], le développement du petit animal et du bébé présente des points communs : tous deux sont dépendants pour la nourriture et les soins. Ce sont par des expressions, des gestes et des cris qu'ils vont exprimer leurs émotions : lorsque le bébé sourit, le chien bouge la queue. Lorsqu'ils sont en détresse, ils pleurent. Ils ont la même passion de la découverte, de l'aventure et du jeu. Pour le nourrisson pourtant, pas de différence entre un animal et « une peluche qui joue le rôle de substitut quand la mère quitte son champ de vision. » Ce n'est qu'au moment de l'apprentissage de l'indépendance que l'enfant prend conscience de la différence. « Le chat ou le chien joue un rôle important dans le processus d'identification : ce que l'animal fait, l'enfant le fait. » Au fur et à mesure que l'enfant grandit, l'animal va devenir un complice, un confident, un compagnon de jeu.

Tous deux privés de parole, les enfants et les animaux ont la capacité de se comprendre sans se parler. Selon le Professeur Hubert Montagner[60], « les interactions avec un animal familier contribuent à réduire l'insécurité affective de la plupart des enfants ». Les animaux de compagnie sont les partenaires privilégiés des enfants et participent pleinement à leur développement.

---

58. Pr. Jean Beytout, CHU de Clermont-Ferrand, service des maladies infectieuses.
59. Beytout J., « Des risques maîtrisables », *in Le journal des Professionnels de l'Enfance,* n° 26, janvier-février 2004, p. 73-74.
60. Rossant L., « Jeu du bébé avec le jeune animal », *in Le journal des Professionnels de l'Enfance,* n° 26, janvier-février 2004, p. 27-29.

Lorsque l'enfant se confie à l'animal, celui-ci qui ne parle pas, ne le juge pas et ne le trahit pas ; au contraire, son comportement dont les manifestations sont apaisantes, rassure l'enfant. Lorsque la sécurité affective est installée, l'enfant révèle ses émotions sans retenue : « il dit à l'animal ses joies, ses peurs, ses colères, ses tristesses, ses surprises, ses dégouts. » Cette complicité que l'animal ne remet jamais en question, sauf quand il s'agit d'une femelle avec ses petits, permettra que « s'installe et se développe un attachement *sécure* unique. »

Pourtant, pourtant… comme on le sait, quel fossé entre les connaissances issues de recherches en pédiatrie ou autres, et les décisions institutionnelles ! Une chose est certaine, les animaux de compagnie ne sont pas les bienvenus chez l'assistant maternel. Si on ne peut les interdire complètement, on va tout faire pour que les enfants ne soient pas en contact avec eux. Cependant, « certaines enquêtes sur l'allergie au chat ont suggéré qu'un contact précoce avec les animaux pouvait *protéger* de l'allergie. »[61] Mais on traite tous les enfants comme s'ils étaient potentiellement porteurs d'un terrain allergique et « lorsque l'allergie existe chez l'enfant, l'éviction de l'animal est nécessaire. »[62]

Notons que seuls les chiens réputés dangereux de catégorie 1 et 2 sont interdits au domicile pendant la durée de l'accueil des enfants. *Aucune interdiction générale et absolue de présence d'animaux ne doit être opposée. Toute interdiction doit être raisonnable et proportionnée à l'objectif recherché*, selon le référentiel de l'agrément des assistants maternels. Il est précisé en outre, que l'enfant ne doit jamais rester seul avec un animal de compagnie et que les parents doivent en avoir été informés[63]. Pourquoi ne pas laisser alors à l'assistant maternel la liberté et le choix de prendre

61. *Ibid.*, p. 60-69.
62. Helffer L., Lardière D., « Toutou, vous saurez tout… », *in Assistantes Maternelles Magazine*, nº 22, mars 2006, p. 8.
63. Décret nº 2012-364 du 15 mars 2012 relatif au référentiel fixant les critères d'agrément des assistants maternels, entré en vigueur le 1er septembre 2012.

cette responsabilité sachant que l'éducation de l'enfant, la vigilance des adultes et la socialisation de l'animal sont la meilleure prévention pour une cohabitation sans danger ?

Mais ce sont nos amis du Soleil Levant qui ont trouvé la parade à tous ces problèmes d'allergies et autres risques d'agressions liés à la présence d'un animal domestique à la maison, en inventant un animal de compagnie virtuel, le très fameux Tamagotchi© ! Celui-ci permet à nos enfants de simuler l'éducation d'un animal en le nourrissant, le lavant et le soignant afin de prolonger sa vie virtuelle le plus longtemps possible. Qui aurait pu imaginer que ce gadget inventé en 1997 au Japon aurait chez nous un tel succès ? Très à la mode dans les années 2000, il n'était pas rare alors de voir des enfants en larmes parce que leur chat ou chien était *mort.*

Une mort toute virtuelle puisqu'il suffit d'appuyer sur un bouton pour repartir au début du « jeu ». Combien de fois entendait-on aux abords des écoles « Maman, tu t'en occupes bien pendant que je suis en classe ! » Et les mamans de veiller à la survie du petit animal électronique, sous peine de terribles drames. Mais si la notion de mort n'est plus que virtuelle pour nos enfants, il ne sera plus rare « de rencontrer des jeunes qui perpétuent des actes de violence pouvant aller jusqu'à donner la mort par jeu, sans prendre réellement conscience de la portée de leurs actes. »[64]

Serait-il malgré tout souhaitable que tous les assistants maternels de France et de Navarre s'équipent en animaux virtuels, afin de répondre aux exigences en matière d'hygiène et de sécurité de certains Conseils généraux ? Nous pourrions aussi nous lancer dans l'élevage, puisque les versions récentes, me dit-on, font des bébés, ce qui permet d'enchaîner des générations de Tamagotchis© ou autres chiens et chats sur écran… À chaque nouvel enfant accueilli, son animal virtuel, qu'il apprendra à *choyer* sans mettre en danger l'agrément de sa nounou !

---

64. Epstein J., *Comprendre le monde de l'enfant,* Paris, Dunod, 2010, p. 53.

Chapitre XII

Et hop, on part en balade !

Ce matin, nous nous préparons pour aller au Ram. C'est un peu l'effervescence car cette sortie est prévue de longue date : nous avons dû nous inscrire à l'avance, en espérant que, ce jour-là, personne ne serait ni malade ni fatigué. J'ai demandé aux parents respectifs d'arriver bien à l'heure, afin que nous puissions partir dans de bonnes conditions, sans faire trop attendre les enfants, tout excités à l'idée d'aller jouer au Ram. Le Relais est géré par la mairie. C'est une petite pièce attenante à la crèche. L'animatrice est une éducatrice de jeunes enfants que nous apprécions tous beaucoup pour son dynamisme, sa convivialité, ses bons conseils et sa gentillesse, tout simplement. Elle connaît bien notre métier et ne nous fait ressentir aucune hiérarchie, si ce n'est, de temps en temps, un petit « nous, les professionnels de la petite enfance… », laissant sous-entendre que nous n'en sommes pas, mais nous avons tellement l'habitude que nous ne lui en tenons pas rigueur ! C'est cette proximité qui fait que nous pouvons nous ouvrir à elle de soucis rencontrés avec les enfants ou de problèmes relationnels avec les parents ; elle est toujours de bon conseil. Mais le Ram est victime de son succès, en fait. De nombreux assistants maternels voudraient profiter des activités et l'animatrice est obligée d'établir un planning et de réduire les inscriptions à quatre petits créneaux horaires sur le trimestre ; c'est bien peu ! D'autant qu'elle doit aussi tenir des permanences pour renseigner les parents.

Aujourd'hui c'est *atelier peinture*. Nous arrivons toutes, accompagnées de trois ou quatre petits vers neuf heures trente. Nous sommes contentes de nous retrouver, de faire connaissance des nouvelles éventuellement, de papoter entre collègues. L'une est devenue grand-mère, l'autre attend les résultats du CAP petite enfance et nous raconte cette aventure. Les petits bébés sont installés dans des transats, les plus grands sur des tapis de jeux. Vers dix heures, nous avons même le droit à un petit café ! Ce temps de convivialité est consacré au jeu libre pour les enfants. Quelques fois sont abordés des sujets brûlants comme le droit de donner des médicaments ou le droit aux visites chez l'assistant maternel, et la température monte de quelques degrés ! Ensuite vient une activité encadrée avec la production d'un petit objet à rapporter aux parents. L'animatrice a installé des pupitres car elle nous explique qu'il est plus intéressant de faire peindre les enfants debout pour qu'ils soient plus libres de leurs mouvements ce qui favorise leur créativité : au début, tout se passe comme prévu, mais très vite l'idée vient à Benjamin de tester le rouleau à peinture sur sa petite voisine. Celle-ci ne protestant pas, nous ne découvrons l'œuvre du maître qu'une fois achevée : Clarisse est d'un beau vert pomme, sur le visage, les cheveux et une partie des vêtements non protégés par le tablier ! Si Benjamin semble vraiment très heureux du résultat, Clarisse, sa muse, n'en est pas moins fière… C'est vrai, les enfants sont plus créatifs installés debout !

La petite ville limitrophe à la nôtre s'est dotée d'un Pôle Petite Enfance dont fait partie cette ludothèque qui est tout simplement magnifique ! Là aussi nous devons nous inscrire à l'avance car elle est réservée en premier lieu aux assistants maternels autochtones, et tous les nombreux autres qui souhaitent en profiter peuvent y venir une journée par semaine. Le soleil entre par de grandes baies vitrées donnant sur un parc avec des arbres et des pelouses fleuries. L'espace bébé est limité visuellement par des matelas de couleurs pastel et des coussins aux couleurs vives, protégé par des voilages, mais reste ouvert sur le reste de la grande salle ; chacun peut d'ailleurs y venir. Il suffit pour cela d'enlever ses chaussures et de respecter les plus petits. Pour les plus grands, c'est un véritable magasin de jouets qui s'offre à eux, avec une nette préférence pour les jouets en bois. Tout le matériel est d'excellente qualité, ce qui incite au respect. Chaque activité forme un îlot. Sophie est tout de suite partie jouer aux petites voitures ; le grand circuit est surélevé de sorte que les enfants puissent jouer debout. Les petites voitures font la course, passent sur des ponts ou dans des tunnels ; les accidents sont nombreux et impressionnants ! Damien, lui, joue à la marchande avec une petite fille, et tente à qui mieux mieux de vendre pommes et poires dans une véritable petite épicerie miniature. La caisse enregistreuse attise toutes les envies, mais on observe une hiérarchie dans le jeu et n'est pas caissier qui veut ! Vient ensuite l'espace ados et adultes avec tous les jeux de société imaginables et des ordinateurs. Tout se passe dans le calme et l'ambiance est presque feutrée malgré la présence de très nombreux enfants.

Les nounous se sont regroupées autour d'une table pour donner le biberon. Des liens se créent au fil du temps. « Il a beaucoup grandi, dis donc ! » Valérie raconte qu'un des petits a des poux et que ses parents ne le traitent pas : « je dois continuer à l'accueillir dans ces conditions ? » Les avis sur cet épineux problème sont partagés… Un bébé pleure à gros sanglots. « C'est les dents, » explique Myriam, « il lui en sort quatre en même temps, le pauvre ! Et je ne peux rien faire pour le soulager puisque le protocole ne nous autorise à donner du Doliprane© qu'en cas de fièvre. » Une situation que nous connaissons tous. La petite Sophie vient aux nouvelles, me fait une bise et repart jouer. Damien, lui, a abandonné le commerce et s'est dirigé vers le coin livres. Ils sont à disposition des enfants et je constate, comme à chaque fois, que les enfants les malmènent moins qu'à la maison. Bébé-Benjamin a fini son biberon et se repose dans un transat en regardant attentivement toute cette activité autour de lui. Nous voyons passer Sophie sur un tricycle. Avant de repartir, il faut ranger un peu : impossible devant la multitude de jouets de retrouver la place de chacun, alors on pose tout sur les tables de sorte que les animateurs puissent ranger sans avoir à se baisser : tout sera de nouveau en place pour accueillir d'autres enfants cet après-midi !

La piscine municipale, nous y allons régulièrement dès les premiers beaux jours, surtout le mercredi, bien sûr. J'y emmène mes propres enfants et les trois petits que j'accueille. Annabelle et Salomé sont grandes et vont déjà en deuxième section de maternelle ; elles sont dans la même classe. Je vais les chercher à onze heures trente pour les faire déjeuner chez moi, puis je retourne les chercher après l'école jusqu'à l'arrivée de leurs parents. J'accueille aussi Adrien, le petit frère de Salomé, à plein temps. Durant les congés scolaires et le mercredi, j'ai tout ce petit monde à la maison. Les enfants adorent aller à la piscine, qui est aussi synonyme de pique-nique sur l'herbe et d'une journée au grand air. À cette époque de l'année, ce n'est pas encore l'affluence de l'été et nous passons une très agréable journée. On trouve un bassin olympique pour les bons nageurs, un bassin moyen pour tous et à l'écart, une pataugeoire pour les tout petits, le tout entouré de verdure, avec aire de jeux et buvette. Mes propres enfants sont plus grands et peuvent aller seuls au bassin moyen sous la surveillance du maître nageur ; je sais qu'au moindre pépin, ils viendront me retrouver. Pendant ce temps, j'emmène les petits à la pataugeoire : nous avons apporté quelques jouets en plastique et un ballon. J'ai tartiné tout le monde de crème solaire, chacun la sienne, et surtout Salomé qui a la peau très blanche. Bien que j'aie réclamé de nombreuses fois une casquette pour Adrien, toujours rien ce matin dans le sac. J'avais donc anticipé cette situation et acheté moi-même un petit chapeau, car autrement nous aurions tous été privés de piscine !

Voici donc les deux filles et le bébé dans la pataugeoire, pour leur plus grand plaisir : d'autres petits sont là aussi, surveillés par leurs parents ou leur nounou. Jouer dans l'eau, par cette chaleur, est un réel bienfait même si le niveau ne dépasse guère les cinq centimètres ! J'éclabousse doucement Adrien qui pousse de petits cris et rit de bon cœur. Les filles jouent avec les jouets en plastique qui subissent de nombreuses noyades : Annabelle sur le ventre, bat des pieds et des mains « regarde Nounou, je nage ! ». Elle a beaucoup perdu de sa timidité en quelques mois et semble aussi mieux acceptée par les autres enfants. J'aime la voir rire et jouer avec Salomé, alors qu'à l'école, la maîtresse m'a dit qu'elles ne jouaient pas ensemble, Annabelle étant plutôt solitaire. Les filles ont faim et c'est l'heure du goûter d'Adrien de toute manière. Mes enfants réclament aussi leur goûter et nous attendent déjà sur la couverture en patchwork. Les fruits, les compotes, les petits gâteaux et les jus de fruits sortent du sac , sont partagés et vite avalés. Le grand air, ça donne faim ! Les grands vont aller jouer à l'aire de jeux, tandis qu'Adrien s'est endormi sur la couverture : Annabelle et Salomé jouent avec leurs jouets en attendant de pouvoir retourner à l'eau. L'après-midi a passé bien vite : les enfants sont heureux de cette sortie. Leurs parents n'ont pas souvent le temps de les emmener à la piscine ni même en promenade. Après les courses et l'entretien de la maison, il reste peu de temps pour les loisirs avec les enfants.

Attendez ! Quand je vous parle de piscine, bien sûr, c'était il y a très longtemps ! Très très longtemps, du temps de la préhistoire, car aujourd'hui, évidemment, ce serait impensable, insensé, voire totalement interdit ! Imaginez un peu, tous les dangers qui guettent ces enfants : de l'insolation à la réaction allergique à la crème solaire, en passant par les verrues plantaires, les piqûres d'insectes et autre intoxication à je ne sais quelle salmonelle ! Sans parler du risque de noyade, bien sûr. Totalement inimaginable, aujourd'hui de prendre de tels risques. Non, haro sur la nounou inconsciente, qui, de nos jours, oserait proposer de passer l'après-midi à la piscine municipale !

Car les parents sont prompts à porter plainte, les faits divers en attestent régulièrement ; telle cette collègue condamnée parce qu'un enfant est tombé du toboggan, alors qu'il était sous sa surveillance[65]. Ça fait jurisprudence et surtout, ça fait très peur ! Aucune circonstance atténuante pour cette collègue ? A-t-elle détourné la tête un instant pour s'inquiéter d'un autre petit ? Cette notion de *surveillance constante* à laquelle nous sommes légalement soumis, est-elle réellement et concrètement applicable lorsqu'on s'occupe de trois ou quatre enfants ? Chaque parent sait très bien, à quelle vitesse un enfant peut échapper à la surveillance des adultes, non ? Cette obligation de résultat en matière de sécurité fait pourtant qu'un assistant maternel peut voir sa responsabilité engagée même si aucune faute n'a été commise.

Petit à petit nous réduisons donc notre champ d'action, jusqu'à bientôt ne plus oser sortir de chez nous. Car nous prenons un bien grand risque à proposer la moindre activité : si un enfant tombe à l'aire de jeu, nous sommes pénalement responsables, même si ce genre d'accidents peut se produire partout, car c'est toujours de *défaut de surveillance constante* dont nous pouvons être accusés ! L'obligation de résultat en matière de sécurité à laquelle nous sommes soumis, une contrainte presque inhumaine en vérité, lorsqu'on parle d'amplitudes horaires de dix, onze, voire douze heures, peut constituer un frein certain à toute velléité de sorties avec les enfants. Comment faut-il faire pour qu'un enfant ne tombe pas, ne se blesse pas, ne se mette pas parfois tout seul en danger ? Apprenons-nous à réaliser une telle prouesse en formation, nous, les super nounous ?

Pourtant, d'un autre côté, nous avons bien conscience qu'une certaine liberté d'action est nécessaire au bon développement des enfants. Doit-on les laisser pousser sous cloche, comme des plants exotiques et fragiles ? Revenons à notre toboggan qui « est à la fois source de plaisir pour les jeunes enfants, et d'angoisses

65. Arrêt de la 1re Chambre civile de la Cour de cassation du 25 février 2010, décision n° 09-12609, www.legifrance.gouv.fr

pour les professionnels chargés d'assurer leur sécurité. »[66] Sans parler du petit kamikaze qui va sauter effectivement du haut du toboggan, ce qui nous vaudra de belles sueurs froides et à lui une punition, ni de ceux qui veulent à toute force descendre la tête la première. L'utilisation du toboggan fait peur, même en respectant le mode d'emploi « tu montes et tu glisses sagement sur les fesses, sans fantaisies d'aucunes sortes, s'il te plaît ! » Comme si on était là pour s'amuser ! Je suis bien d'accord, en théorie, avec celui qui a dit « que la motricité était un jeu, une forme de liberté permettant l'exploration du corps et la construction des connaissances. »[67] Mais en pratique, si le risque est de se retrouver devant la justice parce qu'un enfant a fait une chute, alors je laisse cette responsabilité-là à ses parents...

De plus, sortie est souvent synonyme de voiture, et c'est un nouveau souci. Nous sommes assurés, bien entendu, nous avons l'attestation d'assurance ainsi que les autorisations parentales sur nous, nous avons les sièges homologués pour chaque tranche d'âge, mais néanmoins, l'angoisse de l'accident est là, avec à bord des enfants qui ne sont pas les nôtres ! Imaginez : un enfant pourrait être blessé, nous pourrions être tenus responsables, accusés, condamnés. Notre assurance chercherait alors à déterminer si cette sortie faisait bien partie de notre travail, était bien à but pédagogique. Certaines PMI exigent que la feuille de route avec le trajet déterminé entre le domicile et l'endroit où doit avoir lieu l'activité, soit signée des parents. Attention à ne pas dévier de ce trajet pour faire un tour par la boulangerie et acheter une baguette !

Sans parler bien sûr de toute l'organisation en amont déployée pour chaque sortie avec plusieurs enfants ; les poussettes, toujours aussi lourdes, doivent trouver leur place dans la voiture, entre

66. Rameau L., *Pourquoi les bébés jouent ?*, Savigny-sur-Orge, Philippe Duval, 2011, p. 41.
67. *Ibid.*, p. 43.

les provisions de bouche (à chacun son goûter sans se tromper de propriétaire), les couches et autres lingettes, les autorisations parentales avec tous les numéros d'urgence de Papa/Maman et de papy/mamie, la trousse de secours avec chaque désinfectant, les jouets, doudous, chapeaux de soleil, etc. Il faut une bonne dose d'énergie pour mener à bien une telle entreprise et rendre le soir chaque enfant à ses parents sans trop de bleus ni de bosses, ce qui laisserait planer le doute sur notre manque de vigilance ! Pour s'entendre dire parfois « que travailler à la maison, c'est cool, ce n'est pas *vraiment* un travail ! »

Chapitre XIII

Une Mam, c'est comme à la maison !

Si vous avez l'intention d'aborder prochainement l'épineuse problématique des Maisons d'assistants maternels, armez-vous de la plus grande patience, teintée de diplomatie et d'une bonne dose d'humour. Parfois on a même des difficultés à terminer sa première phrase car il n'est pas rare que le plus placide des interlocuteurs se transforme en furie dès qu'on évoque les Mam ! On peut vraiment s'interroger sur le pourquoi de réactions aussi épidermiques… Parmi les partis politiques, il y a les 100 % pour et les 200 % contre, les Conseils généraux sont également divisés, les professionnels de la petite enfance se disputent entre eux, les PMI bien sûr aussi et jusqu'aux assistants maternels eux-mêmes qui en viendraient presque aux mains. Ce qui est certain, c'est que beaucoup ignorent ce qu'est précisément une Mam ; essayons donc d'y voir un peu plus clair.

Non, ce n'est pas *un* Mam, puisqu'il s'agit d'une maison.

Non, une Mam, ce n'est pas un endroit où les enfants vont jouer de temps en temps comme le serait un Ram.

Non, ce ne sont pas des structures mises en place depuis la loi du 9 juin 2010.

Non, les assistants maternels ne sont pas plus rémunérés en Mam qu'à domicile.

Non, personne ne cherche à imposer dans le futur à tous les assistants maternels de quitter leur domicile pour travailler en Mam.

Non, on ne trouve pas *obligatoirement* seize enfants dans une Mam, c'est juste un maximum, lorsque quatre assistants maternels décident de se regrouper.

Non, les Mam ne sont pas des *crèches au rabais*, puisque ce ne sont pas des crèches tout court. En revanche, c'est vrai qu'elles ne coûtent rien ou presque aux collectivités locales puisque tous les frais sont en général supportés par les assistants maternels eux-mêmes…

Et non, malheureusement, la loi ne s'applique pas partout pareil en France ! Voilà quelques arguments, et bien d'autres, entendus régulièrement lors de discussions enflammées sur les Mam. Et si nous visitions trois Mam, pour nous faire une idée ?

À la « Mam des p'tits poussins », il fait bon vivre ! Tout y est chaleureux, coloré, agréable pour petits et grands. C'est une vraie maison, aménagée comme telle, pour l'accueil des petits, mais aussi pour la convivialité des adultes. La décoration y a été pensée avec soin, couleurs douces, cadres avec les photos des enfants aux murs, petits poèmes... Et les parents ne s'y trompent pas ! C'est bien volontiers qu'ils s'y attardent le matin pour prendre un café avec leurs nounous : car ils le disent bien, ce sont *leurs* nounous autant que celles de leurs enfants. Sophie et Anne-Marie sont souriantes et accueillantes et bien rares sont ceux qui ne prennent pas le temps de discuter un peu. Les enfants s'y sentent les bienvenus bien sûr, mais leurs parents aussi. C'est dans cet esprit que Sophie et Anne-Marie ont voulu les choses lorsqu'elles ont décidé de quitter leur domicile pour exercer dans cette maison de plain-pied avec jardin. Elles y travaillent en parfaite harmonie depuis deux ans déjà et ne changeraient pour rien au monde. Travailler à deux avait tellement d'avantages que revenir à l'isolement du chacun chez soi leur paraît impensable : elles se partagent les tâches, se rendant ainsi plus disponibles pour tel ou tel enfant, mais se sentant également rassurées dans leur pratique par la présence attentive d'une collègue, ce qui représente indéniablement une plus grande sécurité.

Ce mode de garde innovant, elles le définissent comme une ministructure de garde, à mi-chemin entre l'accueil familial d'un assistant maternel à domicile et l'accueil collectif d'une structure. En fait, elles ont pris le meilleur de ces deux formules existantes pour proposer quelque chose de nouveau, permettant la prise en compte de chaque enfant dans son individualité, ce que beaucoup leur envient au final ! On voit bien sur leur site Internet qui leur permet de faire partager la vie de leur maison à tous, combien les enfants sont heureux et épanouis : on y respecte leur rythme, dans un lieu où ils se sentent bien, et le premier mot qui vient à l'esprit c'est *cocooning* car c'est bien d'un nid douillet dont il s'agit où chaque parent rêverait que son petit soit accueilli et puisse grandir. C'est cette idée de partage que Sophie et Anne-Marie ont mise en œuvre : partage d'affection et d'émotions avec les enfants, partage et échanges avec leurs parents, mais partage aussi avec d'autres assistants maternels lors d'ateliers de bricolage, d'organisation d'activités comme le Carnaval, ou de sorties. Comment imaginer meilleure socialisation, meilleur éveil et apprentissage de la vie pour ces tout-petits ?

Chez Estelle, Valérie et Philippe, on avait sabré le Champagne © lorsque la bonne nouvelle était arrivée ! L'ouverture de leur Mam avait enfin obtenu son feu vert après quatre ans de bataille acharnée, de déceptions, de nuits blanches et de larmes. Ils arrivaient à peine à y croire… C'est vrai que ce projet leur avait non seulement coûté nerveusement et physiquement, mais aussi financièrement, puisque ce sont toutes leurs économies, toutes les économies de trois familles, qui avaient été englouties dans ce projet alors que jamais ils n'avaient été assurés de le voir un jour aboutir. Le passage de la loi officialisant les Mam avait été fêté comme il se doit, mais assez vite la déconvenue avait fait place à la joie, car au final, dans leur cas précis, cela n'avait strictement rien changé. Toujours le même véto de la PMI, toujours le même acharnement du Conseil général, toujours le même désintérêt de la mairie : personne pour les soutenir, les encourager, et cela durait depuis quatre ans. Estelle s'était montrée la plus combattive, la plus déterminée, quand les autres avaient eu envie d'abandonner, de baisser les bras devant les difficultés de tous ordres qu'ils avaient rencontrées au fil du temps : un pas en avant, deux pas en arrière, c'était la cadence ! D'autres Mam s'ouvraient dans d'autres départements, mais chez eux, personne encore n'avait réussi ce tour de force.

Estelle avait eu très vite l'idée d'ouvrir une Mam, dès la formation en fait, tandis que Valérie avait travaillé auparavant en crèche familiale et Philippe à domicile durant trois ans. À trois, ils se sentaient vraiment forts, une équipe très dynamique qui se complétait parfaitement. Le premier contact avec la PMI s'était avéré très négatif : ce nouveau concept faisait peur et personne ne voulait prendre de risque. Ils avaient alors monté une association, puis cherché un local qui pourrait convenir aux exigences de la PMI : la pièce de vie devait avoir au minimum trente mètres carrés, des sanitaires enfants et lave-mains, au moins deux chambres, le tout impérativement au rez-de-chaussée. Il avait fallu investir du temps et de l'argent pour la rénovation, l'aménagement des pièces, le tout sans assurance de pouvoir ouvrir un jour, ni aucune subvention. La PMI leur impose une grande amplitude horaire, ce qui n'est pas un problème en soi puisque l'on peut pratiquer la délégation d'agrément : Philippe préfère être du matin et ouvrira la Mam à six heures trente. Il accueillera aussi bien les petits d'Estelle ou de Valérie, en restant dans le cadre de ses quatre places d'agrément. Le soir, Valérie ou Estelle fermeront la Mam, suivant un planning précis, accueillant alors parfois les petits de Philippe. De plus, ils voulaient également ouvrir le samedi matin pour rendre service à de nombreux parents du quartier. Et le nom de leur Mam ? « Barbe à papa » s'était rapidement imposé avec l'arrivée de Philippe dans ce projet !

Dominique n'avait jamais imaginé travailler à domicile. Vraiment impensable pour elle ! Son logement ne s'y prêtait pas et elle souhaitait impérativement dissocier sa vie de famille de son travail. Donc, elle s'était rapidement intéressée aux Mam et avait abordé le problème comme elle le faisait lors de son ancienne vie professionnelle : étude de marché, dossier monté avec rigueur et demande de crédit à la banque car il s'était assez rapidement avéré que le local exigé par la PMI serait introuvable à la location. Acheter permettait de faire tous les travaux nécessaires, abattre des murs, créer de nouveaux espaces, adapter les pièces aux besoins spécifiques de leur Mam. Le danger était, bien sûr, que cela finisse par ressembler plus à une structure d'accueil traditionnelle qu'à une maison ! Car c'est bien ce qu'on leur demandait au final, respecter les normes des établissements d'accueil de jeunes enfants. L'arrivée de Virginie dans ce projet lui apporta un second souffle. Leur dossier finit enfin par être traité par la PMI, après un recours auprès du Conseil général : pour rassurer leurs interlocuteurs, elles s'engagèrent même à passer le CAP petite enfance pour Dominique, un certificat de technicienne de surface pour Virginie. Il fallait apprendre à gérer les stocks, à établir des protocoles, à monter un projet pédagogique et éducatif.

Les travaux enfin terminés, les examens passés, le mobilier acheté, les parents toujours en attente de l'ouverture commencent à s'impatienter… Tout le monde attend maintenant la visite de la commission de sécurité de la mairie, le sésame qui devrait normalement, après plus d'un an, permettre l'ouverture de la « Mam des bout'choux ». Le Maire s'était plus d'une fois exprimé sur l'utilité d'une crèche qui pourtant représentait un tout autre budget, et sur les *dangers* des regroupements d'assistants maternels, dangers d'autant plus insurmontables qu'ils restaient non identifiés, alors tous craignent un véto de dernière minute. On entendait des bruits les plus insensés concernant la délégation d'accueil, un des nombreux agissements mystérieux qui se tramaient derrière les murs des Mam ! Il estimait que le cadre légal actuel était insuffisant et refusait de prendre la responsabilité d'une Mam dans sa ville. Que ne reprocherait-on pas au Maire si un incident survenait ? Pour tenter de le rassurer, on avait, au dernier moment, installé une alarme incendie… De plus, de tels « regroupements se font sans l'intervention de professionnels » avait-on pu lire récemment dans la presse : voilà ! C'est dit : dans une Mam, il n'y a pas de professionnels. Mais quand les assistants maternels seraient-ils enfin reconnus comme des professionnels à part entière ? Au final, ce que craignaient maintenant Dominique et Virginie, c'était que les relations exécrables qu'elles avaient avec la PMI ne finissent par leur valoir une surveillance accrue, des visites-surprises à n'en pas finir et une déstabilisation de tous les instants ; quel serait alors le prix total à payer pour l'ouverture des « Bout'choux » ?

Revenons maintenant un peu sur l'historique. Un jour, une assistante maternelle s'est dit que si elle devait exercer au domicile, la loi ne précisait pas lequel et qu'elle pouvait très bien louer un appartement pour y travailler avec une collègue[68]. Un jour, des collègues qui souhaitaient travailler ensemble ont décidé de se regrouper dans une maison. Ainsi sont nés les premiers regroupements « sauvages » ; par là, on entend spontanés bien sûr, comme ont pu l'être les premières crèches parentales dites « crèches sauvages » en 1968[69]. Un jour, un ministre, ou sans doute une secrétaire du ministre, a lu un article concernant les garderies familiales au Québec[70], et jugeant cette idée intéressante, il a autorisé une expérimentation de regroupements. Un jour un sénateur a décidé de soutenir avec détermination ces regroupements, expérimentés depuis plusieurs années déjà dans son département et de préparer le cadre législatif devenu indispensable[71]. Et finalement, après dix ans de gestation, moult péripéties et difficultés de tous ordres, le 09 juin 2010, une loi encadrant les Mam est née, après

68. Poncet L., Lafond B., Gouyet N., *Le petit d'homme,* février 2003, www.anramam.org.

69. Après qu'une quinzaine de Mam ait vu le jour en Mayenne, la loi 2008-1330 du 17 décembre 2008 de financement de la sécurité sociale pour 2009, permit d'introduire un article (108) autorisant les assistants maternels à accueillir des mineurs hors de leur domicile.

70. Bas P., « La grande séduction », *in Assistantes Maternelles Magazine,* n° 7, octobre 2004, p. 24-25. Les collègues québécoises sont dénommées « éducatrices » !

71. Jean Arthuis, sénateur de la Mayenne est à l'origine – avec d'autres, dont André Lardeux, sénateur de Maine et Loire – du projet de loi visant à la création des Mam.

d'âpres discussions au parlement[72]. Cette loi est dite « ouverte », c'est-à-dire qu'elle reste volontairement floue sur certains points afin de permettre adaptations et évolutions qui peuvent encore se produire puisque le stade de l'expérimentation n'est pas encore complètement révolu. Ce flou, c'est aussi la porte ouverte aux restrictions de tous ordres, aux interprétations fantaisistes, aux tergiversations administratives, aux abus d'autorité et à une certaine mauvaise foi, il faut bien le dire.

Les collègues qui se lancent courageusement dans cette aventure, ne sont pas traités de la même façon qu'ils habitent Lille ou Nice, Bordeaux ou Strasbourg. Chaque Conseil général, chaque PMI adapte la loi à sa façon. On remarque de façon évidente que les départements ruraux sont beaucoup plus favorables aux Mam qui représentent une réelle opportunité quand les structures d'accueil font défaut. Là, parfois, la mairie peut mettre une maison à disposition et aider au financement du mobilier et du matériel : ces exemples restent rares ! Dans la plupart des cas, tous les frais sont portés par les assistants maternels eux-mêmes. Les Conseils généraux ne se comportent pas de la même manière : certains sont définitivement contre et ont décidé d'ignorer la loi. Les PMI sont partagées avec des exigences très variées d'un secteur à l'autre.

Il est notamment exigé des Mam, à certains endroits, de se conformer aux réglementations concernant les établissements de jeunes enfants, ce qu'elles ne sont pas. « Il ne s'agit en aucun cas d'un accueil collectif puisqu'il y a un contrat entre l'assistant maternel et le parent, et que le lien privilégié entre l'assistant maternel et l'enfant est bien préservé »[73]. On n'hésite pas pourtant à créer des chartes départementales en contradiction avec l'esprit de la loi, permettant d'étayer ces exigences : règlement intérieur, projet d'accueil commun, règlement de fonctionnement. Il est

72. Assemblée nationale XIIIe législature, session ordinaire de 2009-2010, loi n° 2224/2445, deuxième séance du jeudi 29 avril 2010, Création des maisons d'assistants maternels, www.nosdepute.fr.
73. Cécile Dumoulin, députée des Yvelines.

également demandé certains documents tels la copie du bail de location, le métrage des pièces, la très fameuse attestation ERP du Maire[74], le contrat d'assurance, etc., qui ne s'obtiennent pas auprès du Conseil général dont les assistants maternels dépendent et qui ne sont pas exigés lorsqu'ils travaillent à leur domicile.

Le vocabulaire même peut changer ; si la salle de séjour devient salle polyvalente, si les chambres sont appelées salles de sommeil, la salle de bain, espace de propreté, très difficile alors pour les collègues dans ces conditions de considérer encore eux-mêmes qu'ils travaillent *comme à la maison* ! Ceci a un effet pervers, à bien considérer les choses. Les assistants maternels confrontés à de telles exigences en viennent à se poser des questions : vont-ils finalement travailler dans une structure collective ? À être constamment comparés aux crèches, difficile de lutter et certains commencent à se sentir déstabilisés. Si on adopte petit à petit les comportements des crèches, règlements, plannings, projet pédagogique, structuration des activités… est-ce bien encore un accueil familial ? Pourtant, dans une Mam, ne devrait-on pas justement rester dans ce mode de fonctionnement, où le rythme de chaque enfant est respecté : pas de changes à heures fixes, que ce soit utile ou pas, pas de planning pour les activités ou de sieste réglementée, par exemple !

Quelle est donc cette si vive inquiétude de la part des professionnels de la petite enfance face à ce désir d'émancipation des assistants maternels ? On entend parler de *crèches au rabais,* de *mise en danger des personnels et des enfants,* de *manquements aux principes d'hygiène et de sécurité.* Peut-être est-il tout simplement difficile d'imaginer tous les avantages que représentent ces regroupements, proposant un accueil familial, sans les contraintes liées aux collectivités ? Et puis comment vont-ils faire pour s'entendre entre eux, ces assistants maternels, sans hiérarchie pour gérer les

74. L'arrêté du 26 octobre 2011 classe officiellement les Mam en ERP5 (établissement recevant du public), www.legifrance.gouv.fr, JORF n° 0260 du 9 novembre 2011.

conflits ? Et puis cette délégation d'agrément, comment est-ce que ça fonctionne exactement ? Très bien, visiblement ! Les assistants maternels travaillant en Mam semblent n'avoir à la bouche que cette phrase « que du bonheur ! » Serait-ce peut-être alors simplement l'envie qui pousserait certains personnels de crèche à vouloir eux-mêmes travailler en Mam ?

Même le nombre de Mam sur le territoire reste sujet à discussions : ainsi, la Cnaf (caisse nationale des allocations familiales) n'en dénombre pas plus de cinquante inscrites sur son site[75] ce qui lui permet de prétendre que ce nouveau mode d'accueil ne se développe pas, mais il n'y a aucune obligation à se faire recenser ni à s'inscrire sur ce site. D'autres estiment par ailleurs à plus de cinq cents le nombre de Mam déjà ouvertes, et tant d'autres en instance d'ouverture à différente étape du parcours du combattant. À certains, il manque le local, à d'autres telle ou telle attestation, pour d'autres encore un chauffe-biberon ou une énième barrière de sécurité.

Pour beaucoup d'assistants maternels, il reste inenvisageable de travailler en dehors de chez soi, et ce, pour de multiples raisons : ils souhaitent pouvoir continuer à concilier vie familiale et travail, ils ne souhaitent pas travailler sous le regard constant de collègues ou estiment le travail en équipe trop ardu, les prises de risques financiers bien trop importantes, la bataille dans leur département perdue d'avance. Pour d'autres, les Mam représentent un réel espoir. Celui d'une évolution professionnelle, d'une valorisation sociale, et surtout sans doute celui de rompre l'isolement, de pouvoir s'épauler entre collègues et de bénéficier des compétences les uns des autres.

Et comme le dit Jean Arthuis, « au fond, le mode de garde alternatif des Maisons d'assistants maternels, innovant, original et pragmatique, à mi-chemin entre l'accueil collectif et

75. www.mon.enfant.fr

individuel, consacre l'audace des citoyens à s'adapter à l'évolution de la société, à relever de nouveaux défis dans un monde en perpétuel mouvement. » Mais encore une fois, il s'agit là d'une affaire de choix personnel. Et les parents ? De même, souhaitons qu'ils aient le choix sur le mode de garde qui leur convient. Et les enfants ? Continuons à en prendre soin du mieux possible, que ce soit en Mam ou à domicile.

Chapitre XIV

Gastro, rhino et autres bobos

« Imaginez un peu que vous accueilliez trois enfants d'âges différents qui tombent malades en même temps, souffrant de la même pathologie. » Effectivement, il faut faire un effort d'imagination, parce que le cas se présente rarement, tout de même, chez l'assistant maternel ! « Imaginez ensuite que pour lutter contre cette pathologie, les différents médecins prescrivent par un malheureux hasard, le même médicament, mais à des doses différentes, puisque les trois enfants n'ont ni le même âge ni le même poids. » Le même médicament, ce n'est vraiment pas de chance ! « Donc, pour vous éviter de faire des erreurs involontaires de dosage, la loi prévoit que les assistants maternels n'aient pas le droit d'administrer de médicaments. Vous comprenez ? C'est pour vous protéger, c'est pour votre bien. » Je comprends...

Éva, 18 mois, arrive aujourd'hui fiévreuse et très enrhumée. Elle si vivante d'habitude est très abattue avec un petit visage marqué par une mauvaise nuit. Le nez coule toute la journée et je dois la surveiller pour arriver à la moucher à temps : elle se sent harcelée, je le vois bien. Quatre boîtes de mouchoirs plus tard, je suis assez d'accord avec elle ! Je me lave si souvent les mains pour éviter la contagion que ma peau en est toute desséchée… C'est le moment de tester la crème qui donne les mains douces aux pêcheurs norvégiens ! Elle m'éternue à la figure plus d'une fois. Espérons que je ne tombe pas malade moi-même ! Je surveille la fièvre : si elle grimpe trop, je dois appeler les parents, les déranger au travail, leur demander de se déplacer pour donner un antalgique… Quelle situation absurde ! Notre protocole d'urgence établi par leur pédiatre vient juste d'expirer ; trois mois se sont déjà écoulés. Eux-mêmes sont inquiets, craignent une surinfection et de devoir encore une fois ce soir, après le travail, patienter dans la salle d'attente de leur pédiatre. Certains acceptent de prescrire un traitement antibiotique deux fois par jour, sachant que nous n'avons pas le droit de donner de médicaments, mais d'autres ne veulent rien savoir ; c'est ce qui s'est passé la dernière fois avec Éva. Le médecin a refusé de tenir compte de cette contrainte en disant : « la nounou n'a qu'à se débrouiller ! » ce qui nous a tous mis dans la difficulté. Ils espèrent que demain encore, j'accepterai malgré tout d'accueillir Éva, ce qui bien sûr sera le cas. La petite se plaint aussi de douleurs au ventre… Le stress peut-être ? Ses parents ne m'ont rien signalé ce matin. Je masse le petit ventre, rien ne semble anormal, mais elle aimerait que je reste près d'elle, ce que je ne peux faire qu'un petit moment. Pas de médicaments, même avec ordonnance, encore moins de pose de diagnostic bien sûr... Il faut surveiller et attendre, ce qui paraît interminable quand un enfant ne va pas bien !

Kévin, 1 an, fait lui une poussée dentaire. Visiblement il souffre beaucoup : c'est un petit garçon très calme habituellement, mais là, il s'agite, pleure et réclame les bras. Alors qu'un antalgique le soulagerait immédiatement, on nous interdit toute automédication et Kévin va souffrir et pleurer toute la journée… Onze longues heures. Ses pleurs agacent Éva, malade elle aussi et ce sont les deux petits qui veulent être consolés et câlinés en même temps. Quel dommage que les nounous n'aient pas quatre bras : ils nous seraient bien utiles dans ce genre de situation !

Même l'homéopathie, couramment utilisée par nombre de parents dans ce cas-là, nous est interdite. Le petit collier d'ambre ne brille pas par son efficacité ! Les gencives sont rouges et enflées : il refuse de manger, ce qu'on peut aisément comprendre. Rien ne semble pouvoir le soulager et nous souffrons tous avec lui.

Chaque change est une épreuve. Il commence à pleurer dès qu'il me voit préparer ses affaires : j'ouvre délicatement la couche et découvre, comme à chaque fois, des fesses très rouges, presque en sang. Il hurle dès que j'approche le coton. Le pédiatre prétend qu'il n'y a pas de rapport avec la poussée dentaire et que « la nounou raconte n'importe quoi : elle n'a pas fait médecine que je sache ! » Pour lui, c'est une allergie aux couches. Ses parents changent de marque plusieurs fois et nous testons même les couches lavables, sans aucune amélioration. Nous essayons tous les produits existant sur le marché, les crèmes, les lotions : rien n'y fait. C'est seulement lorsque la dent sera enfin sortie que tout reviendra à la normale. Jusqu'à la fois suivante…

Ces journées-là sont bien longues et l'horloge au mur est consultée plus d'une fois ; d'ailleurs, les petits la regardent aussi, comme fascinés par cet objet qui semble revêtir une importance capitale pour les adultes. Les dernières minutes de l'accueil s'étirent interminablement tant pour la nounou assaillie par la migraine que pour les enfants qui rêvent, j'en suis certaine, de rentrer chez eux et d'être rassurés par leurs parents. Les bras de Papa et Maman sont à eux seuls le remède à bien des maux !

Heureusement, Hugo, 2 ans, n'était pas là aujourd'hui ; lui qui est si sensible aux bruits, aurait supporté difficilement cette longue journée. Je dis « heureusement », mais le petit bonhomme est en fait à la maison avec une gastro. Hier, il a vomi quatre fois dans l'après-midi : à la sieste dans son lit, une première fois, ce qui l'a beaucoup choqué, puis une autre fois à table car il ne voulait malgré tout pas rater son goûter, et une troisième fois sur le tapis de jeu et sur moi. À chaque fois, j'ai dû le changer entièrement, nettoyer l'environnement, le calmer et le consoler, ainsi que les autres enfants affolés par les pleurs d'Hugo. Bien sûr, dès le premier vomissement, j'ai prévenu les parents ; tout d'abord Maman qui était sur répondeur puis Papa qui m'a promis qu'il viendrait au plus vite récupérer son fils, mais qui finit par arriver très tranquillement à l'heure normale.

Tandis que je lui raconte rapidement notre après-midi difficile, Hugo en profite pour vomir une quatrième fois sur les chaussures de Papa. Celui-ci m'annonce que c'est sans doute une gastro puisque lui-même a été très malade en début de semaine. Je lui signale, tout en épongeant, que je ne pourrai donc pas accueillir Hugo le lendemain, sachant qu'une gastro fait prendre un risque aux enfants plus jeunes, ainsi qu'à moi-même. Réaction très vive de Papa ! Toutes les fois où j'ai accueilli Hugo fiévreux ou malade sont instantanément oubliées : je refuse d'accepter son fils, c'est un rejet, une trahison ! Pourtant, il a lui-même signé cette clause dans notre contrat… Il part donc fâché, Hugo sous le bras. Plus tard dans la soirée, j'aurai un appel de Maman m'annonçant qu'il serait gardé jusqu'au week-end par ses grands-parents. Elle ne sait pas encore qu'elle est elle-même infectée ; elle sera tellement malade qu'elle fera un malaise et sera hospitalisée. Eh oui, une gastro ce n'est pas toujours anodin et c'est surtout très contagieux !

Ainsi donc, les petits enfants tombent malades : des gastro-entérites quelques fois, des rhino-pharyngites souvent, des poussées dentaires et des érythèmes fessiers toujours. Sans parler des épidémies de varicelle ou de bronchiolite, des maladies chroniques comme l'asthme ou le diabète, les pandémies de grippe...

Cette évidence n'a donc pas échappé au législateur qui, dans sa grande sagesse, a cherché à faire simple, sans doute pour nous éviter d'y réfléchir à deux fois : nous n'avons le droit de rien ! Ne rien donner à l'enfant pour le soulager lorsqu'il souffre, rien pour simplifier la vie des parents qui travaillent. Dans une société où avoir un travail relève du privilège, s'absenter pour cause d'enfant malade est certes légal, mais reste réservé aux maladies graves : pour tout le reste, on compte bien sur les structures d'accueil ou la bonne volonté de l'assistant maternel. La précarité de l'emploi est une réalité, alors s'absenter fait prendre des risques.

Que nous disent les textes exactement ? L'article L.4161/1 du code de la santé publique parle de « délit d'exercice illégal de la médecine ». Diable, de la sorcellerie ?! On comprend donc mieux, que nous n'ayons pas le droit de donner de paracétamol à un enfant qui souffre… Le décret nº 93-345 parle de l'exercice de la profession d'infirmier, ce que nous ne sommes pas. La circulaire DGS/DAS 99-320 du 4 juin 1999 semble, elle, nous concerner car elle estime que l'aide à la prise de médicaments ne relève pas du code de la santé publique et que les assistants maternels peuvent être considérés comme des tiers aidant à accomplir des actes de la vie courante. Par malheur, il semblerait que cette circulaire bien sympathique ait été abrogée par le décret nº 2002/194 du 11 février 2002 ou le décret 2004/802 du 29 juillet 2004 qui sait…

Chercherait-on à nous perdre dans un dédale juridique ? Chacun étant personnellement responsable de ses actes, aucune autorisation des parents, prescription ou protocole ne semblerait protéger l'assistant maternel en cas d'accident ou de réaction allergique : profiterait-on, par ce flou juridique, de notre méconnaissance du droit pour nous laisser travailler dans l'illégalité par manque d'informations ? Tout cela ne porte-t-il pas préjudice aux enfants ? Au final, peut-être devrions-nous tout simplement refuser d'accueillir tout enfant malade et de ce fait ne pas travailler de l'hiver ? Ou bien faire déplacer un infirmier pour donner un sirop contre la toux ? Pourquoi aucun texte de loi ne nous mentionne-t-il directement, permettant ainsi de lever définitivement le doute ? Nous aurait-on encore une fois oubliés ? Je rappelle de nouveau que nous accueillons plus d'un million d'enfants quotidiennement.

Car si le moindre doute existe, c'est bien sûr le principe de précaution qui s'applique : tout le monde ouvre son parapluie pour se protéger, au mieux pour protéger les personnels délivrant les agréments. Mais qui protège les enfants ? Et le principe de précaution fait qu'il vaut mieux ne donner aucun médicament, dans le doute, au cas où, on ne sait jamais… Retour à la case départ ! Gardons tout de même en tête que nous avons également une obligation de résultat en matière de sécurité et que notre tout premier devoir est de veiller à la bonne santé des enfants que nous accueillons, par exemple d'éviter le risque de convulsions en cas de forte fièvre. Heureusement, les maladies chroniques, elles, semblent relever d'un PAI (Projet d'accueil individualisé) et sont donc clairement encadrées.

La pandémie de grippe H1N1 en 2009 a été un épisode marquant pour nous tous. Emballement médiatique, décompte morbide et quotidien du nombre de malades et de décès. Panique au centre de vaccination ! Pas assez de vaccins, ah si, trop de vaccins finalement. Au moindre éternuement, à nous de déterminer s'il fallait exclure ou non l'un des enfants potentiellement infecté (tout en ne posant aucun diagnostic, souvenons-nous…) et « fermer notre *établissement* dès trois cas avérés ». Nous avions alors reçu comme consigne de nous montrer solidaires en accueillant « volontairement » les enfants d'une collègue grippée : fi du nombre d'agréments ! Cinq, six, sept petits éventuellement ? Solidarité oblige ! Mais je reste confiante : la prochaine pandémie sera mieux gérée puisque nous aurons su tirer les leçons de cette désastreuse organisation : plus de gabegie, plus d'hystérie ! Et des consignes claires concernant l'accueil des enfants chez les assistants maternels.

Cependant, certains accidents de la vie sont bien plus graves qu'une varicelle ou même qu'une grippe. Comment décrire l'effroi et le désarroi de l'assistant maternel qui entre dans la chambre de bébé pour constater que celui-ci ne respire plus ? Comment être sûr, que faire ? Tout se brouille. Prévenir les secours, les parents. Faire face à leur désespoir, à leurs questions, comment, pourquoi ? L'atmosphère est lourde comme si doute et suspicion pesaient de tout leur poids. Intolérable pour l'assistant maternel, encore plus intolérable pour les parents. Même si la mort subite du nourrisson peut se produire à n'importe quel endroit, elle reste un drame et une épreuve qui marquent à jamais. Après enquête, aucune charge ne sera retenue contre l'assistant maternel s'il a respecté les consignes de sécurité : s'en remettra-t-il vraiment pour autant ? D'autant que lesdites consignes de sécurité peuvent avoir des constantes très variables suivant qui les donnent : utilisation d'un matelas de telle ou telle épaisseur, utilisation d'un lit parapluie ou d'un lit à barreaux, utilisation d'un tour de lit ou pas...

L'obligation de moyens impliquant que nous devions veiller à la bonne santé des enfants en l'absence de leurs parents me semble donc bien difficile à remplir, compte tenu de l'état actuel des choses. Plus de clarté et d'homogénéité seraient vraiment les bienvenues ! Que les consignes de sécurité ne dépendent pas uniquement de la personne qui nous rend visite ponctuellement, mais qu'elles soient nationales et connues de tous, assistants maternels sortant de formation, comme ceux exerçant depuis des années.

Si nous devons veiller à la bonne santé des enfants, qu'on nous en donne les moyens ! Madame la Législatrice, Monsieur le Législateur, dans votre grande sagesse, pensez aux enfants qui souffrent et faites pour nous une petite loi bien claire et compréhensible par tous : autorisez-nous à donner les médicaments qui ne nécessitent aucune prise en charge particulière ! Chaque assistant maternel décidera alors en toute liberté, s'il veut prendre ou non cette responsabilité.

Chapitre XV

Dis Nounou, t'as mal où ?

Les nounous ne sont jamais malades, c'est bien connu ! Soit on est en bonne santé, vaillante et disponible, soit on n'est pas nounou. L'hiver, on slalome entre les virus et autres microbes, l'été on se refait le stock de défenses immunitaires pour affronter en pleine forme l'hiver suivant. Aucune maladie, aucun accident, aucune absence : voilà notre devise ! Tous les cinq ans, au moment du renouvellement d'agrément, nous avons le droit à une visite obligatoire chez le médecin qui attestera de notre inébranlable « bonne santé mentale et physique » pour les cinq années à venir : ouf !

Parmi les nounous, les questions fusent ce matin, toujours les mêmes questions en fait : « qu'est-ce que j'ai mal au dos ! Et toi, ça va mieux ? » Et toujours les mêmes réponses : « oh moi, c'est de pire en pire. Le médecin m'a encore prescrit dix séances et j'ai changé de kiné ! » Et Nathalie d'ajouter : « moi, j'ai trouvé un super ostéo, tu veux l'adresse ? ». À croire qu'on a toutes mal au dos ! Ah, non, Sylvie, elle, elle a également mal aux hanches ; c'est à force de pousser la poussette double d'après elle. C'est vrai qu'elles sont terriblement lourdes, ces poussettes ! Sans parler des poussettes triples… Dès le moindre rayon de soleil, toutes les poussettes du quartier convergent vers le même point de ralliement, un joli parc, une bénédiction, avec sa belle aire de jeux ! C'est l'occasion pour un petit groupe de nounous, souvent les mêmes, de se retrouver et d'échanger. Celles qui sont en maison avec leur propre jardin sortent moins souvent, tandis que celles qui sont en appartement profitent du beau temps pour se retrouver.

Certaines apportent de grandes couvertures qu'elles mettent au sol, sortent les petites voitures ou les animaux en plastique et les enfants se font un bonheur de jouer ensemble. On se regarde, on se jauge, on s'apprivoise. On se dispute un peu aussi, on s'échange les jouets plus ou moins volontairement ; de temps en temps, Nounou est obligée d'intervenir… La petite Sophie fait ses premiers pas, sous l'œil attendri de tous : à chaque fois, c'est un petit miracle qui se reproduit !

Valérie nous parle de sa sciatique : il faut absolument qu'elle se fasse opérer, mais quand ? Elle fait partie des jeunettes avec sa petite quarantaine alors la retraite est encore loin ! Et sa tendinite au bras gauche : depuis le temps qu'on lui dit de poser les bébés dans le transat pour leur donner le biberon, mais non, elle, elle prétend que pour créer un lien avec le bébé, il faut de la proximité. Alors, elle prend des anti-inflammatoires et elle continue à donner le biberon dans son fauteuil. Du coup, elle sent aussi moins sa sciatique et repousse l'opération toujours plus loin ; déjà, pour y comprendre quelque chose aux indemnités et au complément de salaire de la prévoyance… Plus d'une fois, nous avons comparé nos diverses expériences et c'est à croire que le tarif est à chaque fois différent ! Une opération lourde et de longues semaines d'arrêt, c'est sûr, financièrement, il faut mieux le prévoir à l'avance. Et puis les parents, que vont-ils dire ? Comment faire garder les enfants ? Allez, la sciatique, tant que ça tient avec les anti-inflammatoires, eh bien on évite de trop y penser ! Et les discussions reprennent ; toutes celles qui ont dépassé la cinquantaine se plaignent de nouveau du dos, des épaules, des genoux dans une belle unanimité : « alors ton nouvel ostéopathe, il est où ? »

C'est à croire que toutes les plaies de l'hiver nous sont tombées dessus en même temps ! C'était *gastro, rhino et autres bobos…* Les enfants ont tous été malades et la semaine suivante, c'est la catastrophe : c'est moi qui suis clouée au lit par un méchant virus et une forte fièvre. Impossible, avec la meilleure volonté du monde, de mettre un pied devant l'autre. Le médecin m'a prescrit des examens et surtout, une semaine d'arrêt maladie. Pour les parents, c'est une situation des plus difficiles : comment s'organiser pour faire garder leurs enfants ? S'absenter à tour de rôle du travail ? Les plannings sont établis des semaines à l'avance, les collègues déjà surchargés de travail, les rendez-vous professionnels impossibles à décommander, des déplacements prévus à l'autre bout du département… Ils compatissent du bout des lèvres à ma situation, mais sont surtout préoccupés par la leur. « Au moins, si j'avais pu les prévenir à l'avance »… sans commentaire ! Je comprends. La principale qualité d'un assistant maternel, c'est sa disponibilité : s'il faillit, c'est toute l'organisation qui flanche ! Confier leur enfant pour quelques jours à un remplaçant, un assistant maternel qu'ils ne connaissent pas, les effraie : pas d'adaptation, un environnement inconnu, d'autres repères pour leur enfant. Ils ne sont pas certains que ce soit la bonne solution… Et puis, comment en trouver un qui ait de la place aussi rapidement ? Certains vont faire venir les grands-parents, une tatie, une cousine, d'autres vont prendre des congés : tous espèrent que je serai vite remise.

De mon côté, je m'inquiète des résultats des examens bien sûr, mais surtout de ma situation financière : une semaine de congés maladie grève le budget du mois. On m'a dit qu'il y avait trois jours de carence, alors j'imagine effectivement que ça fera très peu, puisque nous ne sommes pas payés lorsque nous sommes malades. Les calculs sont complexes, mais mes collègues m'ont bien prévenue : les indemnités sont dérisoires ! Une chose est sûre : il faut guérir vite et reprendre le travail, pas d'autre solution. Remplir les papiers de la Caisse d'assurance maladie me donne mal à la tête : mes employeurs sont novices et, comme moi, n'y comprennent pas grand-chose, espèrent faire au mieux. Ils ne me rémunèrent pas en cas de maladie, mais comptent sur mon aide, même alitée… Le brut, le net ? Ils n'ont jamais bien saisi la différence. Il faut photocopier les fiches de paie, remplir les formulaires, faire les calculs. Le médecin m'a prescrit de rester au calme et de me reposer : pour le moment, armée d'une calculette, j'essaie de débrouiller cette situation. Le résultat donnera raison à mes collègues plus aguerries : après les jours de carence, les indemnités sont insignifiantes ! Encore très affaiblie, je reprendrai donc le travail la semaine suivante, au grand soulagement de mes employeurs, et contre l'avis de mon médecin traitant.

Nathalie nous confie : « Cette grossesse était vraiment bien plus difficile que la précédente : il faut dire que la première fois, j'étais bien tranquillement assise derrière mon bureau avec un travail de secrétariat. On avait peut-être parfois un peu de stress, c'est vrai, mais c'était moins physique et j'avais vraiment de la chance dans cette entreprise où tout se passait plutôt calmement. Rien à voir cette fois-ci ! Être nounou et être enceinte, je n'avais pas anticipé que ce serait aussi épuisant. Tout est compliqué avec mon gros ventre : porter les bébés, pousser la poussette, me baisser pour ramasser tout ce qui traîne au sol. Et puis ces nausées, c'est vraiment l'horreur ! Heureusement, ça va mieux depuis que les trois premiers mois sont passés, mais maintenant c'est la fatigue qui me cause du souci. Mon médecin a été catégorique, à la moindre alerte, il m'arrête. Il ne veut prendre aucun risque. Mais financièrement, comment vais-je faire ? C'est sûr, un peu de repos me ferait du bien, et c'est bien ce que craignent mes parents-employeurs, bien sûr ! D'ailleurs, leur réaction quand je leur ai annoncé que j'étais enceinte ne s'est pas fait attendre : « mais comment allons-nous faire ? Vous comptez prendre un congé ? Vous connaissez une collègue qui pourra vous remplacer ? » C'est comme partout, ils emploient une jeune femme, en espérant qu'elle ne tombe pas enceinte, la grande injustice pour les femmes sur le marché du travail ! Nous ne faisons pas exception, au contraire, car moi, en plus j'ai quatre employeurs.

J'ai commencé à demander autour de moi si l'une ou l'autre de mes collègues pourrait me remplacer durant le congé maternité, mais pour le moment, personne n'est intéressé par un contrat de quelques semaines. C'est naturel ; bloquer une place d'agrément pour un contrat court et se retrouver après sans enfant à garder, ça ne séduit personne ! Alors le danger, bien sûr, c'est que mes parents-employeurs, devant la difficulté à me remplacer, s'adressent à une collègue moins scrupuleuse qui acceptera de prendre leur enfant, mais le gardera… On m'a dit que ça arrivait, ce genre de chose. Une captation de contrat, en quelque sorte ! Et je serai licenciée ; c'est abusif bien sûr, d'être licenciée lorsqu'on est enceinte et pourtant… Ils trouveront bien un prétexte. Et si je conteste ce licenciement, quelle ambiance ! Tout cela me tourne dans la tête nuit et jour. C'est sûr, nous avons de bonnes relations, enfin je devrais dire, nous *avions* de bonnes relations, avant que je tombe enceinte. Nous qui gardons des bébés à longueur d'année, c'est comme si nous n'avions pas le droit d'avoir notre propre famille ! Alors que tout se passait bien, j'ai constamment des réflexions maintenant ; c'est comme s'ils cherchaient à me pousser à bout en espérant que je démissionne moi-même ou pour me pousser à la faute grave, ce qui légitimerait leur licenciement. Mais non, c'est de la paranoïa, tout ça ! Ces gentils parents avec lesquels j'avais les meilleures relations, jamais ils ne me feront ça ? Si ? »

Même si nous luttons de toutes nos forces pour résister aux microbes, virus et autres germes, c'est vrai parfois, nous rendons les armes et nous tombons malades. Quelques naïfs pourraient croire que les parents vont pouvoir, sans problème, faire garder leur enfant quand leur nounou est en arrêt maladie. Eh bien non ! Pourtant n'avait-on pas entendu parler d'un droit opposable à la garde d'enfants ? Ça sonnait bien, non ? Qui a dit qu'il souhaitait que soient prises « toutes les dispositions nécessaires pour que les parents soient en mesure de concilier plus facilement leur vie professionnelle et familiale, notamment en développant et en diversifiant l'offre de garde d'enfants. Notre objectif est la mise en place d'un droit opposable effectif à la fin de la présente législature. »[76] Aïe ! Il semblerait que ce noble objectif ait été finalement abandonné, après sans doute que le ministre des finances ait croisé le ministre de la famille et lui ait rappelé que les caisses étaient vides : créer de nouvelles places d'accueil coûte bien cher !

La pression sur les assistants maternels est donc bien plus grande, là encore, que dans d'autres professions où l'arrêt maladie est plus souvent prescrit, puisque, nous dit-on, il semblerait que ce soit une des nombreuses plaies de notre société ! Dans notre corpus professionnel, il est certain que les arrêts maladie sont rarissimes. Il n'est donc pas rare de voir des assistants maternels vraiment très malades, continuer à travailler, au risque de contaminer les enfants accueillis et leur propre famille d'ailleurs aussi. Au risque que certaines maladies s'aggravent faute de repos et de soins adaptés ou deviennent chroniques. Et ceci n'est pas une vue de l'esprit. Peut-être en cela sommes-nous réellement proches des professions libérales, bien qu'avec un statut de salarié !

Pour certains assistants maternels, le fait de travailler seul, à domicile représente un plus, surtout si leur vie professionnelle antérieure était stressante. Ils peuvent s'organiser comme bon leur semble, mais en contrepartie, souffrent souvent d'isolement. En termes de sécurité, cet isolement physique et psychologique associé à la lourde responsabilité d'accueillir trois ou quatre enfants peut être paradoxalement une nouvelle source de stress ! Imaginons un instant que l'assistant maternel ait un malaise ou se blesse, en présence des enfants ; c'est une vision d'horreur, n'est-ce pas ? Heureusement, un protocole d'urgence est prévu, comme pour tout travailleur isolé, et nous savons parfaitement quelle attitude

76. Nicolas Sarkozy, lettre de mission adressée le 1er août 2007 au Ministre en charge de la famille, www.vie-publique.fr

adopter, non ? Ah ! Il n'y a rien de prévu pour nous ? Nous ne sommes donc pas considérés comme des travailleurs isolés ? Alors non seulement nous ne tombons jamais malades, mais en plus, nous ne nous blessons jamais non plus !

Nous devons prévenir les services d'urgence, en admettant que nous en soyons capables, mais que se passerait-il si ce n'est pas le cas ? Serait-il donc si invraisemblable que nous disposions d'un équipement spécifique de sorte que nous puissions donner l'alarme[77], puis prévenir les parents pour qu'ils viennent respectivement chercher leurs enfants. Pourtant, c'est là que les choses se gâtent un peu... Arrivons-nous toujours à joindre les parents ? Arriveront-ils avant les secours ? Dans le cas contraire, que faire des enfants, en attendant leur arrivée ? La loi prévoit un dépassement du nombre d'enfants à titre exceptionnel en cas d'urgence ou d'évènements imprévisibles[78] alors on peut sans doute faire appel à une collègue qui viendra prendre en charge les petits jusqu'à l'arrivée de leurs parents : c'est le bon sens, et pourtant certaines PMI l'interdisent. Dans l'urgence, on peut aussi confier les enfants à toute personne majeure que l'on jugera assez responsable, membre de la famille ou voisin ; certaines PMI l'interdisent... On les emmène avec nous à l'hôpital ? C'est interdit, bien sûr !

Il est pourtant des situations où l'assistant maternel doit légalement s'arrêter de travailler, au risque de perdre son emploi, telle par exemple la grossesse. Sachant que la période où les employés de maison n'avaient ni vie privée ni famille est révolue, et étant donné que 99 % des assistants maternels sont des femmes, et que celles-ci, si elles sont en âge de se reproduire, peuvent souhaiter avoir des enfants, nous trouvons donc des cas de figure où la personne qui accueille votre bébé va également en avoir un de bébé, bien à elle cette fois-ci. Passé le premier moment d'émotion à

77. Dispositifs d'alarme du travailleur isolé (Dati), 2011, www.inrs.fr
78. Décret nº 2006-1153 du 14 septembre 2006 relatif à l'agrément des assistants maternels et des assistants familiaux et modifiant le code de l'action sociale et des familles, art. D. 421-17, alinéa 2.

l'annonce de cette merveilleuse nouvelle, passées les félicitations d'usage, commence très vite la période de doute. Comment les parents vont-ils faire garder leur enfant durant les seize semaines du congé maternité de leur salariée ? Et on les comprend. Encore une fois, quelque ingénu pourrait imaginer qu'un système de remplacement est prévu, mais non, toujours pas.

On peut très bien imaginer que les conditions de travail d'une assistante maternelle enceinte sont réellement difficiles, mais vers qui se tourner ? Les autres salariées peuvent éventuellement s'adresser à leur employeur ou se tourner vers le médecin du travail pour essayer d'alléger leurs conditions de travail quand c'est possible, mais nous ? Vers qui nous tournons-nous quand le ventre s'arrondit et pèse bien lourd, quand les jambes doublent de volume, quand se baisser pour jouer avec les enfants devient impossible, quand réussir à pousser la poussette devient un exploit ? Certains imaginent sans doute qu'une assistante maternelle, travaillant à domicile, a un métier confortable et de tout repos ! Comme si travailler à la maison rendait toutes les tâches plus faciles ; et pourtant ! Comment expliquer alors que nous n'ayons pas accès à la médecine du travail ?

Essayons de résoudre cette équation à une inconnue :

a) tout salarié a, en France, accès à la médecine du travail. Le rôle du médecin du travail est *a priori* préventif, hormis les cas d'urgence, bien sûr. Il consiste à « éviter toute altération de la santé des travailleurs du fait de leur travail »[79] et donc de limiter ainsi le risque d'accident du travail.

b) notre convention collective indique que la Fédération des particuliers employeurs étudie depuis 2005 la possibilité que nous ayons accès à la médecine du travail[80] : armons-nous de patience, le dossier semble assez complexe !

---

79. Code du travail, Loi n° 2011-867 du 20 juillet 2011 relative à l'organisation de la médecine du travail, art. L. 4622-2.
80. Convention collective nationale de travail des assistants maternels du particulier employeur, art. 15 « Surveillance médicale », 2004.

c) le certificat médical réclamé lors de la demande d'agrément et à chaque renouvellement est établi par notre médecin de famille, or aucun texte n'indique clairement les contre-indications médicales au métier d'assistant maternel !
Et notre inconnue : x. Combien d'assistants maternels seraient déclarés inaptes par un éventuel médecin du travail, en particulier chez nos collègues âgés ? Résultat probable et assez cynique de l'équation : n'aurions-nous pas accès à la médecine du travail pour éviter que la France ne se retrouve du jour au lendemain avec des milliers de places d'accueil en moins ?

Notre profession que toutes les statistiques annoncent comme vieillissante, reflète le vieillissement de la société en général, et les *papys-boomers* vont devoir travailler plus longtemps, en France comme partout. Les assistants maternels séniors, qui, comme nous l'avons vu plus haut, souffrent principalement de troubles musculosquelettiques, vont également devoir travailler plus longtemps ! Faut-il nous attendre à voir bientôt des nounous en déambulateur ? En chaises roulantes ? Et n'oublions pas que notre agrément est valable cinq ans : quel Conseil général pourra, en toute quiétude, nous renouveler l'agrément passé 60 ans, si notre état de santé est *visiblement* très altéré ? Alors que deviendrons-nous ? Serait-il envisageable, pour ceux qui le souhaitent, de s'orienter vers la formation ou le tutorat de jeunes collègues qui profiteraient alors de compétences acquises sur le terrain et de la transmission de savoirs pratiques ?

Notre profession est belle, certes. Mais nous sommes aussi malmenés nerveusement par les cris, les pleurs, les caprices et les colères des enfants. Notre vigilance doit être constante car les dangers sont multiples. Le stress est bien réel devant l'immense responsabilité de prendre en charge, seul, les enfants des autres. Les gestes sont répétitifs, les charges à porter non négligeables ! Les maladies contagieuses sont notre lot quotidien. Et pourtant, combien de collègues ne se soignent pas ou mal, de peur de perdre leur travail ? Combien d'assistantes maternelles enceintes mènent leur grossesse à terme ? Combien de collègues terminent leur carrière physiquement en vrac, avec une retraite ridicule pour tout remerciement ? Espérons que la nouvelle génération fera changer tout cela. La reconnaissance de notre métier passe aussi par un accès aux soins identique au reste des salariés !

Chapitre XVI

Lu et approuvé : signez !

Voilà un sujet bien rébarbatif que celui du contrat et pourtant, il occupe 90 % des échanges entre assistants maternels. Affirmer que nous tenons une place particulière dans la société, c'est vraiment peu dire ! Nous exerçons en même temps une mission de service public puisque nous sommes fortement financés, directement et indirectement, par les pouvoirs publics, tout en ayant un statut proche de celui du travailleur libéral, tant par l'amplitude horaire que par la responsabilité, ainsi que l'autonomie de l'activité, et pour finir nous sommes légalement salariés du particulier employeur avec des droits et des devoirs : nous dépendons de trois codes de loi différents et de notre convention collective. On comprendra aisément que les assistants maternels passent un certain temps à débattre de quelques points délicats ! Car signer un contrat bien ficelé, c'est s'éviter bien des contrariétés, de futurs litiges, des soucis financiers, des nuits blanches… Tentons donc d'y voir un peu plus clair.

Le salaire

Comme tous les ans à la même époque, chez les nounous du quartier, la question du contrat est au menu de toutes les discussions. « Et toi, pour les congés, tu calcules comment ? » ou bien « pour un contrat enseignant, c'est bien en année incomplète ? » Les échanges sont animés, chacune ayant sa méthode, son calcul, sa solution. « Tu as pu aller au Ram pour ton problème de solde de tous comptes ? » L'animatrice du Ram est au bord de la crise de nerfs ! C'est sûr, elle ne pensait pas en faisant des études d'éducatrice de jeunes enfants, se retrouver un jour derrière un bureau à jouer de la calculette... Elle croule sous les demandes de parents et d'assistants maternels pour les aider dans leur calcul des mensualisations et des congés. Certaines situations sont tout simplement inextricables et chacun compte sur elle pour faire des miracles. Elle préfèrerait parler des enfants, des activités d'éveil et de la qualité de l'accueil, et pourtant elle passe son temps à rafistoler des contrats mal conçus. Une collègue a trouvé la solution : « Moi, je confie tout au comptable de mon mari », nous dit-elle. Ça nous laisse rêveuses : un comptable spécialiste des assistants maternels, ça, ce serait idéal !

Quelle surprise : dans le cahier de liaison, voici noté ce matin en quelques lignes, les congés pour la nouvelle année ! Semaine 16, semaines 30, 31 et 32, puis semaine 52... Nounou répond par écrit qu'elle a pris bonne note, et qu'elle va consulter les autres parents pour connaître leurs propres disponibilités, mais attend impatiemment l'arrivée de Papa le soir pour lui en parler de vive voix. Ce n'est pas comme cela que ça fonctionne ! Nounou accueille plusieurs enfants et chaque parent souhaite être consulté sur un sujet aussi important, afin que les choses se passent au mieux pour tous. Nounou a également de son côté ses propres impératifs. Le soir venu, elle explique la situation à Papa, qui répond qu'aucun aménagement ne sera envisageable de son côté, les dates de ses congés ayant été présentement validées par son DRH... Et voilà un nouveau sujet de friction ! Nounou se sent bousculée et contrariée par ce comportement inhabituel et passablement déplacé. Si les congés des parents et les siens ne tombent plus en même temps, elle passera d'une année complète à une année incomplète, et son salaire s'en trouvera amputé d'autant.

Si les assistants maternels s'inquiètent tant pour leur contrat, c'est sans doute parce que ce sont les seuls salariés à devoir eux-mêmes en fournir un, l'expliquer à leurs employeurs, ainsi que la convention collective et les modalités de l'accueil ! En cela, nous ressemblons beaucoup aux professions libérales, sans en avoir les avantages. Le salaire dépend donc du nombre d'heures effectuées par l'assistant maternel et du nombre de semaines de travail par an. Le taux horaire est fixé par l'assistant maternel lui-même ; en cela, il s'apparente aussi à une profession libérale. Il ne dépend cependant ni de sa qualification, ni du nombre de formations effectuées, ni d'un éventuel certificat ou diplôme, ni du nombre d'années d'expérience, ni même des conditions matérielles d'accueil (chambre spéciale pour les enfants accueillis, salle de jeu, jardin, etc.), mais uniquement de l'offre et de la demande ainsi que du taux pratiqué dans le secteur par les collègues. L'idée émise par quelques politiques d'un tarif unique, démontre clairement une méconnaissance du métier et des réalités sur le terrain.

Les horaires sont l'élément déterminant du contrat. Ce sont eux bien sûr qui entreront en compte dans le calcul de la mensualité et donc détermineront le salaire, mais ce sont eux aussi, qui dès le premier contact téléphonique, indiqueront à l'assistant maternel s'il peut ou veut accepter ce contrat. Un conseil aux infirmières en passant : éviter d'avouer trop rapidement votre activité professionnelle ! Rien n'est plus angoissant pour un assistant maternel que des horaires atypiques, tôt le matin ou tard le soir, doublés d'un planning à horaire variable. Si vous cumulez ces deux handicaps, annoncez votre profession avec délicatesse ! Et empressez-vous d'ajouter que le papa/la mamie/la tatie prendra le relais les jours où vous terminez tard, par exemple. Car si c'est la souplesse de l'accueil chez les assistants maternels qui est souvent recherchée, les plannings à horaires variables sont tout de même notre bête noire.

S'ajoutent à la mensualité de base, les indemnités d'entretien, dont le montant est fixé par la loi. Cette somme est censée couvrir les frais inhérents à l'activité, électricité, chauffage, etc., mais aussi financer l'achat de matériel de puériculture, de jouets, de matériel de bricolage. L'affirmation que « les assistantes maternelles [qui] touchent, à côté de leur salaire, des indemnités de frais d'entretien en fonction de la présence des enfants, généralement supérieures à leurs dépenses réelles »[81] me semble tout à fait inexacte. Les poussettes, parcs, lits pour bébés, sièges-auto, jouets, livres, etc., devant être sans cesse renouvelés représentent des sommes conséquentes !

Les repas peuvent être fournis par les parents. Si l'assistant maternel les prépare, il perçoit une indemnité librement calculée celle-ci, contrairement à l'indemnité d'entretien. Pour certains parents, cela peut représenter un budget important, d'autant qu'ils ne perçoivent pas d'aide financière sur cette somme. Ceux-là préfèreront donc apporter le repas. Pourtant, prévoir des menus variés et équilibrés sur la semaine, tenant compte des préférences et des intolérances de chacun, acheter des produits de qualité, stocker, préparer des repas appétissants pour l'enfant, réussir à lui faire avaler les légumes qu'il refuse systématiquement à la maison, plus qu'une simple indemnité, c'est également une médaille que devrait recevoir l'assistant maternel ! D'autant que cette indemnité qui n'a pas valeur de salaire est néanmoins imposable.

L'employeur peut à tout moment proposer une augmentation de salaire, qui montrerait sa satisfaction devant le travail accompli avec son enfant. Hum... À ma connaissance, cela relève du mirage ! Une augmentation de salaire peut être réclamée et négociée par l'assistant maternel, à la date anniversaire du contrat par exemple, lors d'une discussion annuelle permettant de faire le point ; cette augmentation peut équivaloir à l'augmentation légale du Smic ou plus, mais c'est à l'employeur que revient la

81. Bouve C, Sellenet C., *Confier son enfant. L'univers des assistantes maternelles,* Paris, Autrement, 2011, p. 130.

décision finale, bien entendu. Encore une fois, comment parler ouvertement d'argent ? « Elles sont nombreuses à énoncer un embarras, un scrupule autour de la passation d'argent, comme s'il fallait procéder à son euphémisation, étant donné le caractère gratuit du don d'affection. »[82]

Depuis l'instauration de Pajemploi, finies les déclarations manuelles à l'Urssaf. Nous recevons nos fiches de paie informatisées, établies suivant les données fournies par nos parents-employeurs et qui comportent parfois des erreurs. Cette déclaration requiert un certain savoir-faire qui demande un peu d'expérience : ce n'est généralement qu'après plusieurs mois que les choses semblent acquises. Lorsque nous remarquons une erreur, nous le signalons à notre employeur qui doit en faire rapidement la modification. Que faire lorsque celui-ci n'en a ni le temps ni l'envie ? Téléphoner à Pajemploi, c'est tenter de pénétrer dans un château kafkaïen… Mon nom, à titre indicatif, est mal orthographié depuis des années, sans qu'aucun courrier, ni mail, ni appel téléphonique n'ait pu changer cet état de fait.

Même si chez nous, les notions de « taux de remplissage » et de « rentabilité » s'expriment différemment, la réflexion est exactement la même qu'en structure/d'accueil. Si nous disposons par exemple de trois places d'agrément, n'accepter que des petits contrats impliquera logiquement une très petite rentrée d'argent. Accepter trois pleins-temps, c'est-à-dire des contrats tournant autour des quarante-cinq heures par semaine, assure un revenu correct. Cela dit « correct », mais insuffisant pour se loger comme nous l'avons déjà vu. Cette constatation pousse à se demander : « le salaire de l'assistant maternel est-il considéré comme un vrai salaire ou seulement comme un salaire d'appoint pour une femme vivant en couple ? »[83], et ce métier est donc uniquement

82. Sellenet C., *Les assistantes maternelles, de la garde à l'accueil éducatif*, Paris, L'Harmattan, 2006, p. 101.
83. Bosse-Platière S., *Les relais assistantes maternelles : améliorer l'accueil individuel des jeunes enfants ?*, Paris, Érès, 2010, p. 154.

réservé à 99 % aux femmes, bénéficiant d'un autre salaire pour vivre ? Décider de diminuer volontairement le nombre d'enfants accueillis et notre amplitude horaire afin d'assurer une meilleure qualité de l'accueil, revient paradoxalement à diminuer volontairement notre salaire !

Dans ce métier, la précarité nous guette constamment, suivant en cela l'évolution de la société. Pour nous qui sommes au bout de la chaîne professionnelle, nous craignons aussi le chômage ou la diminution d'activité de nos parents-employeurs ! Rares sont devenus les contrats à plein-temps alors que l'on propose de plus en plus souvent aux parents et en particulier aux femmes, des contrats dits flexibles, temps partiels, CDD et autres. L'assistant maternel doit sans cesse s'adapter. Accepter plus de petits contrats, en admettant que cela soit possible, car il faut tenir compte des horaires de chacun et du nombre de places d'agrément dont nous disposons (un véritable puzzle où tout doit s'emboîter parfaitement), c'est accueillir aussi plus de parents et nous montrer disponibles envers un plus grand nombre de personnes, sans nous épuiser, ni perdre de vue la qualité de l'accueil qui nous est chère.

La qualité de l'accueil

C'est Papa qui dépose Hugo habituellement le matin, ce qui donne généralement lieu à des adieux assez déchirants... Ce matin, Papa est à genoux dans le petit couloir de Nounou, serrant très fort Hugo dans ses bras, le couvrant de baisers et répétant plusieurs fois « mais comment est-ce que je vais tenir toute la journée sans toi ? » Nounou, très gênée par ces effusions, ne sait comment se comporter. Doit-elle rester spectatrice d'un moment aussi intime ? Doit-elle s'occuper des autres enfants et revenir quand Papa aura terminé ? Proposer un verre d'eau, une chaise ? Comment aider Papa à se séparer plus facilement d'Hugo ? Nounou en vient à se poser des questions, tant les adieux, déjà difficiles en temps normal, sont ce matin particulièrement longs et douloureux. Après vingt bonnes minutes, Hugo n'en pouvant plus d'être ainsi maintenu par Papa, commence à s'énerver, à pleurer et à réclamer sa tétine, et c'est là que Papa trouve la force de se relever, retenant difficilement ses larmes et passablement chiffonné, pour finir par laisser Hugo rejoindre les autres enfants pour jouer. Celui-ci mettra un long moment à se calmer et Nounou en vient à espérer que Maman prenne le relais le matin.

Maman arrive ce matin en annonçant sur le pas de la porte que Nounou commencera dorénavant à sept heures et quart le matin. Surprise ! Celle-ci explique calmement que l'on ne peut changer les horaires de cette manière, qu'elle a sa propre organisation et surtout, qu'elle ne souhaite pas travailler plus de douze heures d'affilées. Et pourquoi cela ? Parce qu'une telle amplitude horaire nuit, selon elle, à la qualité de l'accueil. Impossible en ce qui la concerne, de rester concentrée et vigilante sur dc si longues journées, en accueillant de plus, plusieurs enfants. En acceptant de tels horaires, ce sont tous les enfants qui s'en trouveront lésés, ainsi que la vie privée de Nounou. Mais Maman n'en a cure ! On lui a donné la possibilité de commencer plus tôt, de sorte qu'elle aura terminé à seize heures, c'est formidable ! Sauf que chez Nounou, le dernier enfant part vers dix-neuf heures trente, voire vingt heures. D'autre part, Nounou estime que cette discussion importante ne devrait pas avoir lieu entre deux portes et c'est pourquoi elle propose un rendez-vous pour envisager tous les paramètres, avec Papa si possible, ce à quoi Maman répond : « mais c'est déjà tout vu, il n'est pas nécessaire d'en discuter davantage. »

Il est bien souvent question d'un accueil de qualité, mais qu'entend-on précisément par là ? « L'idée d'accueillir un bébé correspond au fait d'accueillir un sujet à part entière, un être de paroles, de langage dont les professionnels accompagnent les processus d'humanisation. Cela les place, dans l'échiquier du monde, au cœur des enjeux d'une société. »[84] Traiter bien un enfant, c'est le respecter en tant que personne et respecter ses rythmes propres concernant l'acquisition de la marche ou de la propreté par exemple, mais aussi ses rythmes de sommeil, ou son alimentation. Le but à atteindre est la bientraitance qui est « avant tout sous-tendue par le respect de chaque enfant dans son unicité et la valorisation de ses compétences, quels que soient leur rythme d'apparition et leur domaine. »[85]

C'est aussi bien traiter ses parents. Cela peut paraître simple, mais le respect de l'autre demande une certaine confiance en soi, et une aptitude à la tolérance qui est loin d'être aisée. D'autant plus que cet « autre » pénètre notre sphère privée, nous bousculant quotidiennement dans nos certitudes. Plus on accueille d'enfants, et plus c'est difficile, surtout lorsqu'on travaille seul et qu'on ne peut bénéficier de l'entraide d'une équipe. Plus on accueille de parents et plus il faut s'adapter, communiquer, négocier, parlementer… Nous sommes régulièrement confrontés à des manières de faire différentes des nôtres, à des façons de voir les enfants et leur éducation qui nous surprennent et peuvent même nous choquer : il faut chaque jour s'interroger sur ce que nous pouvons admettre, accepter, supporter ou pas.

Le non-respect des enfants et des adultes peut entraîner des violences. Certaines violences sont bien visibles : violences verbales, agressivité des enfants entre eux ou à notre encontre, notre potentielle violence à leur égard, des relations plus ou moins tendues entre les parents et l'assistant maternel. Certaines de ces violences peuvent aussi être insidieuses, comme le souligne Jean Epstein. Si la qualité de l'accueil en structure fait l'objet de nombreuses recherches, l'assistant maternel, lui, devra chercher

84. Giampino S., « S'occuper de jeunes enfants : une richesse pour tous », *in* B. Cyrulnik, L. Rameau (sld.), *L'accueil en crèche,* Savigny-sur-Orge, Philippe Duval, 2011, p. 155.

85. Epstein J., « Ces violences qu'on ne voit plus », *in* B. Cyrulnik, L. Rameau (sld.), *L'accueil en crèche,* Savigny-sur-Orge, Philippe Duval, 2011, p. 137.

à la définir seul. L'objectif de bientraitance devrait être abordé et débattu avec les parents au moment de la signature du contrat. On peut s'aider en cela de « la Charte des bonnes relations parents et assistant maternel »[86] comme outil de discussion. Mais là encore, tout ce qui est décidé au moment de la signature du contrat peut être rapidement « oublié » par la suite…

« Travailler sur l'accueil de l'autre, c'est travailler sur la double question de la séparation et de la différence, cette orientation devrait être l'axe central de toute formation professionnelle des assistantes maternelles. »[87] Et j'ajouterai, l'indispensable communication ! Pourtant, il n'en est rien. Est-il étonnant qu'il y ait parfois des dérives ? « À leur insu, les assistantes maternelles sont en quelque sorte des spécialistes de la séparation : c'est leur art d'en faire quelque chose de constructif qui n'altère pas la confiance en la vie ; le bébé, lui, ne peut que faire confiance aux personnes qui prennent soin de lui. »[88] Les experts en séparation que nous sommes, n'en ont pourtant pour la plupart, jamais entendu parler en formation ni appris à en mesurer l'importance !

La séparation, c'est celle du matin et celle du soir. Là encore, rien n'est simple. C'est aussi l'importance de la période d'adaptation qui commence à mieux rentrer dans les mœurs. Mais qui parle de la fin de contrat ? Pourtant, c'est bien souvent une période très difficile à vivre ! Les petits, auxquels on répète à longueur de temps « qu'ils sont grands maintenant » et « qu'ils vont bientôt rentrer à l'école » peuvent finir par trouver le temps bien long chez Nounou. On aimerait que les contrats se terminent au mieux alors qu'on assiste parfois à des dérapages, car, puisque nous sommes entre nous, les assistants maternels aussi peuvent

86. www.unaf.fr ou www.ufnafaam.fr
87. Bosse-Platière S., *Les relais assistantes maternelles : améliorer l'accueil individuel des jeunes enfants ?*, Paris, Érès, 2010, p. 67.
88. Helffer L., Lardière D., « Indispensables séparations », *in Assistantes Maternelles Magazine*, n° 80, juin 2011, p. 4-5.

finir par trouver le temps bien long en fin d'accueil, et attendre avec impatience de pouvoir souhaiter à tous *bon vent* « vers un ailleurs plein de promesses. »[89]

S'il est possible d'arriver à l'heure à la crèche ou à la maternelle, pourquoi est-il si difficile d'y arriver chez l'assistant maternel ? Pourquoi ne pas prévenir d'un éventuel retard, alors que chacun dispose aujourd'hui des moyens nécessaires pour cela ? Les retards systématiques peuvent pourtant avoir à la longue un effet délétère sur les relations entre l'assistant maternel et les parents. L'enfant qui a été préparé pour le départ et qui ne voit toujours pas arriver ses parents, est rapidement hors de contrôle : si les horaires ne sont pas respectés, l'assistant maternel ne sait plus s'il doit le réveiller de sa sieste, lui proposer un goûter, commencer une activité, partir en promenade… Les enfants perçoivent très bien cette indécision et cet agacement. Là encore, difficile de maintenir une qualité d'accueil, lorsqu'on ne se sent pas soi-même respecté.

Le temps d'échange le soir par exemple, sera-t-il comptabilisé en heures supplémentaires s'il déborde de l'horaire prévu ? Ces échanges sont parfois faits de tous petits riens qui sont alors de l'ordre professionnel ou privé ? Et que dire au parent qui arrive plus tôt le matin, nous trouvant peut-être encore dans la salle de bain ? Difficile pour certains d'entre nous d'effectuer un décompte exact des heures supplémentaires ou de revendiquer leur paiement. Nous restons encore très souvent dans l'idée de *rendre service*, de générosité, de solidarité entre femmes. On ne voudrait pas paraître pingre avec de si gentils parents ! Faire un décompte de minutes pourrait laisser entendre que leur enfant n'est pas le bienvenu chez nous...

Les Ram ont une mission importante à jouer en faveur des assistants maternels. Ils nous permettent de nous retrouver dans

89. *Ibid.*

un contexte professionnel, d'échanger sur nos pratiques, de pouvoir prendre du recul par rapport aux difficultés que nous pouvons rencontrer. Plus proches et plus accessibles que les puéricultrices de PMI, les animateurs de Ram, surtout les éducateurs de jeunes enfants, sont de bons conseils, et nous font progresser sur la voie de la professionnalisation dans tous les domaines éducatifs qui ne sont malheureusement pas abordés en formation. Les temps d'accueil collectif dans ce contexte, peuvent permettre un moment de convivialité, mais aussi une observation plus professionnelle des petits et donner de nombreuses pistes pour une réelle bientraitance des enfants accueillis dans nos familles. On ne peut que souhaiter leur développement sur tout le territoire, ce qui permettrait un meilleur accès au plus grand nombre.

Bienheureux ceux qui font partie d'associations dont les contrats sont clairs et précis, et surtout remis régulièrement à jour au fil des nouvelles réglementations, décrets, circulaires… Les autres se tournent alors vers le Ram quand ils ont la chance d'y avoir accès : « Nous avons une pression énorme des usagers, qui arrivent avec leur montagne de documents sous le bras, documents qu'ils ne comprennent pas. Les parents nous demandent continuellement d'éplucher leurs documents et de leur calculer le montant dû à leur assistant maternel. Résultat : nous sommes devenus de véritables machines à calculer, prenant la responsabilité d'avancer des chiffres sans garantie sur les méthodes employées, surtout quand le flou juridique favorise toutes sortes d'interprétations. »[90] Si l'importance d'un contrat d'accueil écrit et détaillé, d'une charte des bonnes relations parents et assistants maternels, d'un livret d'accueil permettant suggestions et réflexions autour du petit enfant, n'est plus à prouver, reste qu'il est impossible de tout prévoir dès le départ, de tout mettre par écrit, pour que trois

90. Bosse-Platière S., *Les relais assistantes maternelles : améliorer l'accueil individuel des jeunes enfants ?*, Paris, Érès, 2010, p. 83.

années d'accueil se déroulent sans écueils... Un dialogue régulier, un échange quotidien, une communication sincère seraient plus que souhaitables et pourtant comme nous l'avons vu, ne se concrétisent pas toujours aussi aisément dans la réalité ! Que dire à une maman à laquelle on a gentiment demandé de bien vouloir couper les ongles de son fils, afin qu'il ne griffe ni les autres enfants, ni son assistant maternel, et qui répond « oh, non ! J'aurais trop peur de lui faire mal ! » Un ange passe...

Chapitre XVII

À l'école des nounous

Certains détestent l'école, les livres, les leçons… D'autres aiment s'informer, lire, apprendre. Certains jugent les formations inutiles, d'autres en redemandent. Certains voudraient que nous ayons une vraie formation, un vrai diplôme, une vraie reconnaissance. D'autres aimeraient que rien ne change… Pourtant, tout change autour de nous ! Les exigences à notre encontre sont toujours plus importantes : on parle aujourd'hui d'accueil éducatif là où on se contentait auparavant de gardiennage. Ces notions sont complexes. Si nous voulons un jour faire vraiment partie de la grande famille des professionnels de la petite enfance, il faudra bien que ça change ! En quoi consiste la formation des assistants maternels, en quoi devrait-elle consister et que sera-t-elle demain ? Sans bonne formation, pas de bons professionnels, on est bien d'accord. Mais ce n'est pas le diplôme qui garantit le bon professionnel, autrement, ça se saurait ! Soulevons donc un peu le voile sur les pratiques actuelles...

La formation initiale

Éliane écoutait sans y croire les explications ânonnées par la formatrice, derme, épiderme et hypoderme… c'est là qu'elle avait décroché. Elle jeta de petits coups d'œil autour d'elle ; ses collègues adoptaient des postures diverses, les unes bâillant discrètement et luttant visiblement contre l'endormissement, les autres discutant entre elles à voix basse, d'autres encore concentrées par l'effort, essayaient de suivre tant bien que mal les explications. Elles étaient près de quarante dans la salle. Éliane regarda la formatrice : imperturbable, celle-ci continuait à lire ses fiches d'une voix monocorde : kératinocytes, mélanocytes, cellules de Langerhans… Quelques collègues persistaient vaillamment à prendre des notes, personne n'osant interrompre son monologue pour demander comment s'écrivaient ces termes qu'elles n'avaient jamais entendus jusqu'ici et dont elles espéraient ne plus entendre parler, si ce n'est éventuellement dans un cabinet de dermatologie. Éliane se demanda encore une fois, si elle devait réellement se souvenir de toutes ces explications, le jour où, devenue assistante maternelle, elle aurait à rassurer un enfant qui vient de se faire une égratignure après être tombé à l'aire de jeu, à désinfecter la plaie et à mettre un pansement ; les cellules de Langerhans ne seraient d'ici là plus qu'un lointain et mauvais souvenir !

Anne-Laure sentait monter l'angoisse : le terme « pâmoison » qui tout d'abord lui avait rappelé ses lectures sur l'amour courtois au Moyen-âge, où les gentes dames étaient souvent sujettes à ce genre de manifestations, lui parut tout à coup beaucoup moins romantique dans le cadre du spasme du sanglot. La formatrice décrivait l'évènement avec force détails et mimait même la scène : « *l'enfant est de plus en plus bleu, la cyanose s'intensifie et l'apnée survient : c'est la pâmoison* ». Anne-Laure s'agitait sur sa chaise, très mal à l'aise, cherchant du regard l'aide de ses collègues, qui fascinées, ne quittaient pas la formatrice des yeux « *si l'apnée se prolonge, on assiste à une syncope asphyxique avec perte de connaissance, hypotonie généralisée et révulsion oculaire* (fort bien mimée par la formatrice). *Cela ressemble à une convulsion ; l'enfant est comme mort : il est inerte, violet, et ne respire plus...* » C'en était trop pour Anne-Laure, elle-même à deux doigts de se pâmer, qui trouva le courage de se lever et de sortir de la salle prendre un peu l'air. Cette formation qu'elle attendait avec tellement d'impatience pour pouvoir commencer son métier d'assistante maternelle lui parut tout à coup insurmontable. Elle se sentait découragée : s'était-elle trompée de voie ?

Nathalie était une assistante maternelle heureuse ; l'accueil du premier enfant, un joli petit bébé, se passait très bien. Des parents charmants, aucun problème de contrat, tout était parfait, exactement comme elle se l'était imaginé. Elle avait terminé la première partie de sa formation et arrivait au bout de la deuxième, moins théorique et beaucoup plus adaptée à la réalité de son travail au quotidien. Le thème du jour était passionnant : postures et portage du bébé, en travaux pratiques. « *À la naissance, l'enfant présente une hypotonie de l'axe et une hypertonie des membres.* » Bon, elle avait décidé de ne pas s'arrêter à ça... « *L'enroulement prépare la base narcissique : enroulement physique comme support corporel de l'enroulement psychique primal qu'est le narcissisme.* » S'il fallait vraiment en passer par là... L'important c'est qu'elle voulait bien faire : elle était elle-même jeune maman et s'était lancée avec bonheur dans tous ces apprentissages. Cette formation tant attendue, elle estimait que c'était ça qui faisait d'elle une vraie professionnelle, alors s'il fallait vraiment connaître toutes ces notions pour passer l'unité UP1 du CAP petite enfance, et bien elle le ferait. Elle aurait souhaité qu'un vrai diplôme vienne sanctionner ces cent-vingt heures de formation, un diplôme comme reconnaissance d'un certain savoir-faire, et elle regrettait vraiment que ce ne soit pas le cas.

La formation continue

Il n'avait pas été simple de s'y inscrire à cette formation ! Le « parent facilitateur » avait facilité les choses bon gré mal gré... La journée de formation se déroulant durant la semaine, il avait dû contacter les autres employeurs de Valérie, s'enquérir de leur planning, et surtout, tous avaient dû s'organiser pour faire garder leur enfant. Mais elle y était, les oreilles grandes ouvertes, décidée à ne pas en perdre une miette : « contes et histoires à raconter », l'intitulé était à lui seul une invitation ! La formation initiale de Valérie remontait à plusieurs années déjà, et elle ressentait un vif besoin de se former davantage, pour elle-même d'abord, pour réactualiser ses connaissances, et pour répondre à une certaine attente des parents. Enfin, c'était le grand jour : le groupe d'une dizaine de collègues, dont un homme, semblait vraiment sympathique et l'animatrice, bibliothécaire et pédagogue de surcroît, très qualifiée. Elle avait apporté beaucoup d'albums correspondant aux différents âges des enfants accueillis, et tous se montraient attentifs à ses explications : comment organiser la lecture d'un conte, comment choisir le bon moment, comment installer les enfants. Valérie était aux anges ! Elle qui aimait tant les livres et souhaitait faire partager cette passion aux petits, n'aurait vraiment pas pu trouver mieux que cette formation.

Stéphanie était tombée par hasard sur une petite annonce au Ram qui indiquait qu'une formation « éveil de l'enfant » serait proposée trois samedis de suite. Enfin ! Elle ne s'était jamais inscrite à la formation continue, bien qu'ayant cumulé plus que le nombre d'heures nécessaires, pour la simple raison que ses employeurs s'y étaient toujours opposés si la formation devait se faire durant le temps de travail. Or cette formation proposée le samedi tombait vraiment à pic, d'autant que le sujet paraissait passionnant. Elle s'était procuré le dossier, avait rempli tous les formulaires et demandé timidement à l'un de ses employeurs s'il était d'accord pour jouer le rôle du « parent-facilitateur ». Il avait examiné les documents, vérifié que cela n'empiétait pas sur le temps de travail, et lui avait dit « … et en plus, vous serez payée ?! » Mais tout cela était déjà oublié, tant les explications de la formatrice étaient passionnantes : il lui semblait bien que l'éveil était l'un des points cruciaux de son métier et pourtant, elle n'en avait aucun souvenir lors de sa formation initiale. Alimentation, soins d'hygiène corporelle, bien être de l'enfant et bien d'autres choses, mais d'éveil point de trace ! Développer le goût de créer, de découvrir chez les enfants, inventer de nouvelles activités, de nouveaux jeux en fonction des différents âges : ça, c'était vraiment sa mission au quotidien !

Le CAP petite enfance

Magalie, jeune assistante maternelle pleine de dynamisme et d'enthousiasme, s'est présentée en candidate libre au CAP petite enfance. Ses cent-vingt heures de formation initiale à peine terminées, elle s'était inscrite au CAP car l'idée de ne pas avoir de diplôme lorsqu'on exerce une profession lui semblait une aberration. Un diplôme c'est une reconnaissance sociale, c'est une preuve d'aptitudes professionnelles, c'est une garantie de connaissances théoriques et pratiques pour ses employeurs. C'est ce qui fait la différence entre une professionnelle de la petite enfance et n'importe quel parent qui s'occupe de ses propres enfants. De plus, cela peut représenter un atout sur un marché du travail où le chômage est bien présent : détenir un diplôme peut faire la différence pour décrocher un contrat. Dans un premier temps, elle a fait venir tous les documents et les livres nécessaires par un organisme d'enseignement par correspondance, mais avoue ne s'en être guère servi, tant le contenu lui a semblé confus et bien trop lourd. Elle s'est donc lancée seule dans l'aventure. Elle a monté son dossier, ce qu'elle a trouvé relativement aisé. Les épreuves pratiques ont représenté un stress bien plus important : le choix du bon balai sur un éventail de dix, sous l'œil scrutateur du jury, pour nettoyer correctement le local correspondant à l'épreuve trois « techniques de service à l'usager » lui a fait monter le rouge aux joues ! Le change du poupon de plastique lui a valu quelques remarques acerbes… Mais bon, elle l'a eu son CAP, et avec une excellente note en plus, alors Magalie est fière et heureuse !

Assistante maternelle depuis quinze ans, Régine s'est lancée avec courage dans la VAE (validation des acquis de l'expérience) pour l'obtention du CAP petite enfance. L'obtention d'un diplôme est aussi pour elle primordiale, comme validation officielle de ses années d'expérience et de ses techniques de travail avec les petits. Pour préparer son dossier, elle a beaucoup réfléchi, analysé ses pratiques, remis en question ces multiples gestes accomplis au quotidien, repensé son organisation. Elle a dû se souvenir de tous les enfants qu'elle a accueillis, des noms, des dates, des conditions de ces accueils… Un vrai travail de mémoire ! Elle a dû décrire par le menu quatre activités qu'elle a menées comme le nettoyage des jouets, correspondant aux techniques sanitaires ou le lavage des mains avant les repas, concernant l'apprentissage de l'autonomie, ainsi que deux activités d'éveil, peinture et pâte à sel. Elle estime que le contenu de cette formation correspond tout à fait à notre métier, la partie entretien des locaux et préparation des repas lui semble primordiale. Accueillir des enfants à domicile, pour elle, c'est d'abord dans un cadre où l'hygiène est irréprochable. Elle s'est sentie confortée dans son envie de bien faire et rassurée dans ses habitudes. Elle espère y gagner une meilleure reconnaissance auprès des autres professionnels de la petite enfance et attend avec impatience le résultat de l'examen de son dossier.

Professionnalisation, professionnalisation… Voilà une rengaine qui sonne à nos oreilles comme une chanson douce-amère, depuis le temps qu'il en est question ! Si les pouvoirs publics estiment *sérieusement* raisonnable de nous donner la responsabilité d'accueillir des enfants, après seulement deux semaines d'une formation préalable théorique, c'est bien qu'ils comptent avant tout sur les qualités innées des assistants maternels : le bon sens, l'ingéniosité, le sens des responsabilités… Alors qu'on arrête de nous reprocher sans cesse de ne pas être des professionnels de la petite enfance à part entière et qu'on se décide enfin à nous proposer une formation adaptée et diplômante !

La formation initiale de cent-vingt heures soulève de nombreuses critiques de la part des assistants maternels. Très peu s'y retrouvent ! Ces quatre semaines semblent bien dérisoires face aux enjeux et aux responsabilités. Contrairement aux autres professionnels qui travaillent en équipe, et dont la formation théorique est bien plus longue, de dix mois pour les auxiliaires de puériculture à vingt-sept mois pour les éducateurs de jeunes enfants par exemple, nous travaillons seuls, avec un suivi insignifiant ou même inexistant, sur des amplitudes horaires de dix, onze, douze heures, voire plus : chercher l'erreur !

Le contenu de cette formation, théorique et peu adaptée aux situations que nous rencontrons au quotidien, n'engendre en général qu'ennui et frustration. Prenons par exemple le chapitre sur les maladies infantiles : lorsque nous découvrons des boutons sur le corps d'un enfant, concrètement, nous le signalons aux parents qui prennent rendez-vous chez leur médecin. Est-ce à nous de formuler un diagnostic ? Est-il réellement utile de faire venir un formateur qui explique tout par le menu, noyant les collègues sous des détails parfois anxiogènes ? Aucun de nous n'aspire à faire médecine ! Un livre tout public sur les enfants, à portée de main chez nous pour vérifier l'origine desdits boutons, suffirait largement pour se faire une idée, non ?

Les instituts de formation se partagent le marché de la formation des assistants maternels. Y a-t-il eu des études chiffrées sur l'apport réel et l'impact de celle-ci sur le travail quotidien que nous faisons avec les enfants ? Quand certains collègues disent qu'elle ne leur a rien apporté, qu'entendent-ils par là ? Rien du tout ? Les questionnaires de satisfaction remplis à l'issu de la formation seraient sans doute édifiants s'ils étaient rendus publics ! Et pourtant, le tout est estampillé « éducation nationale », pour nous rassurer, sans doute.

Finalement ceux d'entre nous qui aspirent à plus de formation, comptent beaucoup sur la formation continue, qui reste difficile d'accès et dépendante du bon vouloir de l'employeur.

Mais hourra ! Il est enfin arrivé aux oreilles des législateurs[91] que la formule du *parent-facilitateur* n'était pas bien avisée et il semblerait que l'on y substitue à l'avenir *une collectivité*, qui reste à définir me semble-t-il... N'oublions pas que les employeurs paient une cotisation pour cette formation professionnelle ; où passe cet argent puisque finalement peu de collègues exercent leur droit à la formation continue ? De plus, contrairement à la plupart des autres salariés, nous sommes très souvent obligés de nous former sur notre temps libre, ce qui est un nouveau frein, car du temps libre, nous en avons vraiment peu. Il existe aussi les organismes de formation à distance, mais là encore qui connaît l'impact réel sur les assistants maternels ?

Les assistants maternels avouent se former seuls, par leurs lectures ou en échangeant entre eux, dans les parcs ou au sein de leurs associations, sorte de passation de savoirs et d'expériences entre les plus anciens et les plus jeunes. « Les assistants maternels comparent les pratiques, discutent, critiquent, élaborent leurs propres règles déontologiques [...] Les savoirs sur la profession se transmettent ainsi de multiples manières, le plus souvent dans un cadre qui n'est pas celui de la formation, mais qui n'en est pas moins actif pour produire une identité et une culture de métier. »[92] Le Ram peut jouer un grand rôle, lorsque l'animateur est un éducateur de jeunes enfants par exemple et peut nous aider à résoudre certains problèmes concrets que nous pouvons rencontrer avec les parents ou les enfants. Des groupes de parole où chacun pourrait s'exprimer en toute liberté et trouverait aide et soutien seraient vraiment les bienvenus pour sortir de l'isolement et pour compléter la formation théorique.

Cette formation qui déjà n'apparaît pas sous son meilleur jour voit encore son cas s'aggraver lorsqu'on évoque le simulacre

91. « Quel avenir pour l'accueil des jeunes enfants ? » *Note d'analyse 257,* janvier 2012, proposition n° 3, www.stratégie.gouv.fr.

92. Sellenet C. (2006), *Les assistantes maternelles, de la garde à l'accueil éducatif,* Paris, L'Harmattan, p. 92-93.

d'examen, la première unité professionnelle (UP1) du CAP petite enfance qui clôture les cent-vingt heures. Se moquerait-on de nous ? Cet examen fantoche, souvent réalisé dans de mauvaises conditions, stressant pour les collègues qui en sortent quelques fois humiliés et déstabilisés, n'ayant que peu de rapport avec notre métier, n'a de plus aucune valeur. Alors que la demande d'un vrai diplôme est récurrente, tout au moins pour une partie des assistants maternels. Ce qui est certain, c'est que ce n'est pas un diplôme de technicien de surface que nous cherchons à décrocher ! Et nous n'avons pas non plus l'intention de travailler en milieu stérile. Un vrai diplôme, une vraie formation concernant réellement notre métier, est-ce vraiment trop demandé ? Car si nous souffrons tous d'un manque réel de reconnaissance sociale, le problème trouve sa source, à mes yeux, précisément dans la formation.

Notre métier, quel est-il finalement ? La notion de maternage est difficile à appréhender. Toute l'attention que nous portons aux enfants qu'il s'agisse de soins, d'éveil, d'alimentation, de sommeil, cette disponibilité affective, émotionnelle et intellectuelle qui rassure et qui aide à grandir en confiance, tout ce qui fait que nous portons ces enfants dans nos cœurs, mais aussi dans nos têtes, tous ces comportements au quotidien faits de tous petits riens, difficilement quantifiables et improductifs si ce n'est en qualité de vie et en petites graines préparant l'avenir. Tout cela, c'est notre métier ! Trouver la bonne distance sans chercher à s'approprier l'enfant, car aucune nounou, même la plus affectueuse ne remplacera jamais ses parents, voilà l'enjeu. Créer du lien, vivre en harmonie. Quelle formation pour tout cela ? Elle reste à inventer.

Boris Cyrulnik propose de créer « une université de la petite enfance où la théorie de l'attachement, en intégrant les données biologiques, affectives, psychologiques et sociales, donnerait aux professionnels de la petite enfance une cohérence éducative et un partage des connaissances »[93]. Peut-on vraiment imaginer une *cohérence éducative* dans le monde de la petite enfance si sectaire et hiérarchisé où chacun semble s'agripper à ses prérogatives ? Trouverions-nous aussi notre place dans une telle université ? Retournerons-nous un jour sur les bancs de l'école ? Cette filière serait-elle ouverte aux assistants maternels ou resterons-nous sur le bord de la route, éternels parents pauvres de la petite enfance ? Aurons-nous un jour le titre *d'accueillants éducatifs familiaux,* après un an d'étude et avec un beau diplôme ? Allez, les enfants, on peut toujours rêver...

93. Cyrulnik B., *Quand un enfant se donne « la mort », attachement et sociétés,* Paris, Odile Jacob, 2011, p. 111.

Chapitre XVIII

Petits, Moyens et Immenses soucis

« La protection maternelle et infantile (PMI) est une invention d'après-guerre dont le but était de mettre en place un dispositif public unifié sur l'ensemble du territoire, afin d'assurer la santé de l'enfant de moins de 6 ans et de sa mère. En liant dès l'origine, la prévention de la santé à des actions de soutien et d'éducation médico-sociale envers les familles, la PMI s'est placée résolument du côté des personnes socialement les plus défavorisées. Progressivement, elle a pris en charge la planification familiale, le suivi des grossesses, la coordination avec les maternités, l'accompagnement à la parentalité, d'un public en demande. À côté de ce qui pourrait être considéré comme son cœur de métier, la PMI a aussi d'autres missions. Celle, entre autres, de délivrer les agréments et d'assurer le suivi sanitaire des établissements de jeunes enfants et des assistants maternels. Car ces derniers ont également été placés sous le contrôle des PMI après la guerre, époque où les jeunes enfants n'étaient considérés que dans leurs aspects sanitaires.

Aujourd'hui la PMI s'écroule. Trop de travail, pas assez de professionnels, pas assez de moyens humains et financiers, aucune volonté politique [...] Il serait peut-être temps de tout remettre à plat pour décider une fois pour toutes qu'il faut créer d'un côté une instance de protection sanitaire pour l'enfance et la famille et de l'autre une instance qui encadre les modes d'accueil des jeunes enfants d'un point de vue éducatif. Car pourquoi vouloir continuer à ce que l'accueil des jeunes enfants dépende de la PMI alors que cela n'a jamais été le cas pour l'accueil scolaire et périscolaire ? Peut-être que les équipes sanitaires et sociales pourront alors se recentrer uniquement sur les vrais problèmes de santé. »[94]

L'agrément, la demande d'extension, le renouvellement

« Après que j'aie fait ma demande d'agrément et rempli tous les papiers, la puéricultrice est passée pour me poser des questions et voir la maison. Mais dès qu'elle est entrée, elle a vu la statue de la vierge que j'ai sur le buffet et elle a dit qu'on était obligé de respecter le principe de laïcité, que c'était la loi, et que je ne pouvais pas avoir l'agrément. J'étais tellement surprise que je n'ai pas eu le temps de lui dire que je pouvais la ranger quand les enfants seraient là, parce qu'elle était déjà repartie... » *Mariette, février 2011 ex-future assistante maternelle* (la proposition de loi sur le principe de laïcité chez les assistants maternels a été examinée par le sénat en décembre 2011).

« J'habite une petite ville où il y a beaucoup de chômage ; alors je crois qu'il y a quelqu'un à la PMI qui a trouvé la solution pour réduire le chômage des assistants maternels ! Quand une demande d'extension d'agrément passe par elle, c'est automatiquement refusé mais si on envoie la demande directement au Conseil général, là, bizarrement, c'est accepté ! Moi, c'est ce que j'ai fait, quand j'ai vu que toutes les demandes pour un troisième agrément qu'on devait remettre sous pli fermé, juste avec le nom, à cette personne justement, ces demandes-là, c'était toujours « non », alors j'ai envoyé ma demande d'extension au Conseil général et je n'ai eu aucun problème. » *Valérie, assistante maternelle depuis deux ans.*

94. « Assurer l'avenir de la PMI », *in Journal des Professionnels de la Petite enfance*, n° 74, janvier-février 2012, p. 15.

« Je travaillais depuis quinze ans dans le même appartement, où j'accueille trois enfants, quand la puéricultrice est passée pour le renouvellement : elle a dit que l'appartement était trop petit pour trois enfants, qu'il fallait une chambre par enfant. Je lui ai demandé si c'était un nouveau règlement du Conseil général et elle s'est énervée en disant que c'était comme ça où je n'aurai pas le renouvellement. Mais je ne me suis pas laissé faire parce que les puéricultrices, je les connais depuis le temps ! Alors je suis allée en appel au Conseil général, avec des lettres de recommandation et j'ai eu raison. J'accueille toujours trois enfants sans problème. » *Gaëlle, assistante maternelle depuis vingt ans.*

Le déménagement

« Après mon déménagement, la puéricultrice est passée vérifier si la maison était correcte. Je pensais qu'elle venait pour la maison et pas pour me poser des questions mais elle m'a demandé ce que je ferais si les parents me demandaient de coucher leur bébé sur le côté et comme j'ai répondu « je ferais ce qu'ils me disent », elle s'est mise à me crier dessus que j'étais inconsciente, que j'irai au tribunal, que je serai condamnée, que je perdrai ma maison... Alors, j'étais tellement stressée que je me suis mise à pleurer et j'ai dit que si c'était comme ça, je préférais démissionner, et elle m'a tout de suite tendu une feuille et un stylo et du coup, ben, je crois que j'ai démissionné, mais en fait, je sais pas trop… » *Sylviane, assistante maternelle depuis un an et demi (ex-assistante maternelle ?).*

« Quand j'ai déménagé, la puéricultrice est venue voir l'appartement. Elle a visité : ça a duré cinq minutes. Après nous nous sommes assises et elle a commencé à me poser des questions, combien j'avais d'enfants, ce qu'ils faisaient, s'ils avaient de bonnes notes en classe, pourquoi j'étais seule avec ma fille, pourquoi j'avais divorcé, comment je m'en sortais financièrement… Franchement je ne m'attendais pas à ça parce que j'avais lu que les questions ne devaient pas être trop personnelles et là, je trouve qu'elle a exagéré de vouloir savoir tout ça sur ma vie privée, vu qu'il n'y a pas de rapport avec mon travail. Mais j'avais peur de plus pouvoir travailler si je ne répondais pas… » *Françoise, assistante maternelle depuis neuf ans.*

« On a acheté une maison avec un jardin et des gravillons dans l'allée ; quand la puéricultrice est venue vérifier si tout était aux normes, selon ses normes à elle disons, elle a dit que les gravillons c'était trop dangereux pour les petits, qu'il fallait tout enlever. J'ai essayé de discuter, de dire que jamais les enfants ne jouaient à cet endroit-là, et surtout pas seuls, mais il n'y avait rien à faire. Son attitude, c'était : vous enlevez les gravillons ou vous ne travaillez pas… Parce qu'un accident, c'est vite arrivé ! Un moment d'inattention et crac ! Le gamin, il avale les gravillons ! Je lui ai demandé si je devais aussi enlever les gravillons quand je sortais en promenade avec eux dans la rue ou à l'aire de jeux, et elle m'a répondu que j'avais beaucoup d'humour ! » *Sylvain, assistant maternel depuis quatre ans.*

Le matériel

« Quand la puéricultrice est venue, j'étais un peu inquiète à propos de mon lit parapluie parce que j'avais entendu dire que certaines étaient contre, et je n'ai pas trop la place de mettre des lits à barreaux partout. J'ai eu de la chance parce que celle-ci était d'accord, sauf que d'après elle, je n'avais pas le bon matelas : elle m'a dit d'acheter un vrai matelas, ou de ne pas en mettre du tout. Comme je ne voulais pas laisser dormir les enfants sans matelas, bien sûr, j'en ai acheté un beau, épais et assez cher. La fois suivante, la même personne est revenue et n'était pas contente du tout : elle m'a dit d'enlever ça tout de suite, que ce n'était pas conforme aux consignes de sécurité ! » *Magalie, assistante maternelle depuis un an et demi.*

« J'ai demandé une dérogation pour accueillir un troisième enfant en remplacement pour quelques semaines, c'était en été et la puéricultrice a vu mon bac à sable dans le jardin : elle était vraiment choquée et inquiète, et m'a dit que c'était très dangereux pour les enfants à cause de toutes les saletés qu'il peut y avoir dans le sable, vu qu'ils mettent les doigts dans la bouche, et surtout quand il y a des chats dans le quartier qui s'en servent comme litière. Je lui ai répondu que je le fermais quand les enfants n'y étaient pas, je lui ai montré le couvercle, et elle a dit qu'il suffisait qu'une fois on oublie, pour que le sable soit souillé définitivement. Elle voulait que je l'enlève. » *Fanny, assistante maternelle depuis quinze ans.*

« Dans la chambre de ma fille, il y a un lit mezzanine, parce que les chambres sont petites et qu'elle doit mettre le lit d'un des enfants en plus. J'étais très ennuyée à cause de l'échelle parce que je me doutais bien que ça ne passerait pas avec la puéricultrice, et c'est logique. Alors j'ai réfléchi à des tas de solutions, mais je ne sais pas trop bricoler et ça m'inquiétait cette histoire d'échelle, et finalement j'ai trouvé une idée sur un blog sur Internet à minuit parce qu'elle devait passer le lendemain : j'ai mis un tour de lit tout du long, attaché avec les liens, on croirait que c'était fait pour ! Le lendemain, elle m'a félicitée pour cette idée. Je me suis vraiment trop stressée avec cette histoire ! » *Nathalie, assistante maternelle depuis deux ans.*

L'association d'assistants maternels et le Ram

« On a essayé deux fois de monter une association : la première fois, la PMI a refusé en disant qu'il n'y avait pas de *professionnel* au cas où il y aurait un incident ! Il fallait obligatoirement quelqu'un qui ait au moins le CAP petite enfance… La deuxième fois, on avait une collègue qui avait le CAP avec nous, mais là, ils nous ont dit que les associations étaient interdites, à cause d'une nouvelle loi, que nous étions agréées seulement pour le domicile. Il paraît qu'on n'a le droit de sortir que pour aller au Ram ! Que c'était une question d'assurance et que la PMI ne nous soutiendrait pas s'il y avait un accident. Ils ont même sorti le texte de loi, mais dans ce texte, ce n'était pas marqué que les associations étaient interdites, et je sais que partout en France, il y en a, sauf chez nous. » *Claudine, assistante maternelle depuis quatorze ans.*

« Nous avons créé notre association il y a quelque temps déjà et depuis nous cherchons une salle où nous pourrions faire des activités avec les enfants, parce que le but à l'origine, c'était ça ! Alors, la première salle que nous avions trouvée, la puéricultrice qui est passée la trouvait trop petite et ensuite, elle a dit qu'il fallait absolument un endroit pour faire dormir les bébés durant les activités des plus grands. Elle nous a presque traitées d'inconscientes, de ne pas y avoir pensé avant ! Il y a une collègue qui lui a répondu que lorsque nous allions au Ram, la salle était toute petite et qu'il n'y avait pas non plus d'endroit pour faire dormir les bébés et là, elle a répondu qu'on ne pouvait pas comparer, parce qu'au Ram, l'animatrice, c'était une professionnelle… Alors depuis, on cherche toujours ! » *Alice, assistante maternelle depuis dix ans.*

« Lorsque j'ai eu des problèmes avec les parents de C., je ne savais pas vers qui me tourner. Dans notre coin, il n'y a pas d'association. On ne se voit pas beaucoup entre collègues. On se sent complètement seules. On a peur de téléphoner à la PMI, peur de déranger ou d'être mal jugées. Tout ce qu'on dit est marqué dans notre dossier, il paraît. Si on se plaint de parents, on a peur d'entendre qu'on ne fait pas bien notre travail, qu'on n'est pas assez professionnelles, parce qu'ils n'ont que ce mot à la bouche ! Heureusement, j'ai eu l'idée d'aller au Ram et là, j'ai reçu de l'aide d'autres collègues plus expérimentées à qui c'était déjà arrivé, et de l'animatrice qui m'a expliqué comment me comporter avec les parents. La situation s'est un peu améliorée, assez pour arriver au bout du contrat, en tout cas ! » *Aurélie, assistante maternelle depuis trois ans.*

Le contrat

« Lors du renouvellement d'agrément, la puéricultrice a examiné mon planning très longuement car j'avais six contrats : elle trouvait que c'était beaucoup, même si la loi nous y autorise tant qu'il n'y a pas plus de quatre enfants en même temps. J'ai supposé que c'était par rapport au chômage des collègues, parce qu'autrement je ne vois pas où est le problème car moi, c'est parce que j'accepte des petits contrats que j'en ai six. Les parents qui ont des petits contrats, ils ont beaucoup de mal à trouver des nounous. Pourtant, elle m'a obligée à en lâcher un et j'ai dû démissionner d'une petite que j'accueillais depuis 5 ans et qui ne venait plus que le mercredi. Elle a dit qu'à 5 ans, il y avait d'autres solutions, qu'elle pouvait aller au centre de loisirs… Pourtant, l'agrément est de 0 à 18 ans, non ? Avec ses parents, on était très tristes, et finalement, c'est la petite qui en a souffert ! » *Sophie, assistante maternelle depuis sept ans.*

« Moi, quand j'ai eu ces gros soucis avec les parents de Maxime, et ben, j'ai prévenu ma puéricultrice référente parce que vraiment j'en pouvais plus et je savais plus quoi faire. Alors, elle est venue, et on a bien discuté : elle m'a expliqué comment faire ma lettre de démission et ce qu'il fallait dire ou ne pas dire. Ça m'a beaucoup aidée. Après c'était dur avec les parents durant le mois de préavis, parce qu'ils voulaient toujours savoir pourquoi j'avais démissionné, mais la puéricultrice, elle m'avait bien expliqué que je n'avais pas besoin de leur dire la raison, ni de discuter avec eux. Il fallait juste que je continue à bien m'occuper de Maxime. Ça a été une période très difficile : heureusement qu'elle était là pour me soutenir ! » *Gisèle, assistante maternelle depuis quinze ans.*

« J'avais signé un engagement réciproque avec des parents qui finalement ont décidé de mettre leur fils à la crèche. Donc je leur ai réclamé l'indemnité prévue et ils ont refusé en disant que ce bout de papier ne valait rien. Je suis allée aux Prud'hommes et lors de la conciliation, chacun a défendu son point de vue et on devait se revoir lors de l'audience suivante avec des preuves pour étayer le dossier. Moi je n'étais pas inquiète puisque je savais que j'étais dans mon droit. Et là, les parents ont fourni une liste détaillée de tous les enfants que j'accueillais, les âges, les durées des contrats et même jusqu'à la durée de l'adaptation, pour bien montrer que je n'avais subi aucun préjudice. Pour moi, ils n'ont pu avoir ces renseignements personnels que de la PMI. N'y a-t-il pas un devoir de confidentialité ? » *Fanny, assistante maternelle depuis quatorze ans.*

... et du côté des parents

« Nous, on a demandé une place en crèche. Mais le problème c'est qu'on est sur liste d'attente et que quelques fois, on n'obtient même pas de réponse. Les crèches sont toutes surbookées ! Donc, en attendant, on a démarché chez plusieurs assistants maternels et on a même signé un engagement réciproque avec celle où on a eu un bon contact. On a demandé à la PMI si elle était bien, mais ils ont dit qu'ils ne donnaient pas ce genre de renseignements. Plus la date arrivait, plus on était angoissés parce que la crèche ne nous donnait toujours pas de nouvelles. Alors finalement, ben, on a mis notre fils chez cette nounou et vraiment, ça se passe bien. Mais on aurait quand même préféré la crèche à cause de tous les faits divers qu'on entend, où les enfants sont maltraités ! » *M. Duchêne*

« Quand on a déménagé sur Y. au mois de novembre, il n'y avait plus de places chez les assistants maternels, alors j'ai fait appel à la PMI pour qu'ils nous trouvent quelqu'un. D'abord, la puéricultrice a voulu m'envoyer dans un autre quartier, mais on ne va pas faire des kilomètres pour déposer les enfants ! Alors finalement, il s'est trouvé qu'une nouvelle nounou venait elle aussi d'emménager près de chez nous et la puéricultrice nous a envoyés chez elle. C'est moi qui l'ai rencontrée vu que ma femme était encore avec les enfants sur Paris et pour moi c'était OK, alors on a signé le contrat. De toute manière, on n'avait pas le choix ! Mais avec ma femme, ça n'a jamais accroché parce qu'elles n'avaient pas la même façon de voir les choses avec les enfants. Avec le temps c'est devenu insupportable et on a rompu le contrat dès qu'on a pu. » *M. Dupin*

« La liste des assistants maternels de la PMI, elle fait trois kilomètres ! Elles sont cinq cents sur V., juste triées par quartier, mais ce n'est pas marqué combien d'agréments elles ont ni surtout si elles ont des places de libres. Donc je les ai toutes appelées : une était à la retraite depuis sept ans ! La plupart étaient complètes et certaines vraiment désagréables parce qu'elles en avaient assez d'être dérangées tout le temps alors qu'elles n'avaient pas de place de libre. Moi aussi j'étais exaspérée ! Quelques fois j'appelais même sans dire bonjour, juste « y a pas de places, je suppose ? » J'étais terriblement angoissée et me suis dit que je n'allais pas pouvoir reprendre mon travail… Et presqu'au bout de la liste, il y en a une qui a éclaté de rire à mon « y a pas de places ? » ! Elle était sympa et quand on s'est rencontrées, on s'est tout de suite entendues. » *Mme Duhêtre*

« Quand j'ai repris mon travail, mon fils avait 3 mois et demi : nous avons choisi une jeune nounou près de chez nous. Nous la connaissions de vue et elle avait l'air très bien avec son propre fils, sensiblement âgé du même âge. Un jour, une voisine nous a alertés sur le fait que notre fils pleurait beaucoup chez cette jeune femme, ce qu'elle n'a pas cherché à nier lorsque nous lui en avons parlé. Il semblerait que notre fils passait la journée dans son lit, seul dans une chambre... Nous avons alors demandé à la PMI de faire un contrôle inopiné chez cette nounou afin de voir ce qu'il se passait, mais ils l'ont prévenue de leur passage de sorte qu'ils n'ont rien pu constater d'anormal ! Nous avons alors mis fin au contrat et la nouvelle nounou nous a bien confirmé que notre fils se comportait comme un bébé qui avait été isolé. Le pire, c'est qu'elle continue à accueillir des enfants ! » *Mme Désoliviers*

« Quand j'ai accouché, on m'a proposé que la puéricultrice de la PMI passe à la maison, pour faire un suivi du bébé et me donner des conseils. C'était très sympa et ça m'a bien aidée. J'ai eu un très bon contact avec cette puéricultrice. Ensuite, je lui ai dit que j'allais bientôt recommencer à travailler et si elle pouvait m'indiquer une « bonne » nounou ; elle m'a répondu qu'elle n'avait pas le droit, mais par contre, elle pouvait me donner les noms de celles chez qui ne surtout pas aller ! Franchement j'étais sidérée parce que même s'ils connaissent les nounous chez qui ça se passe mal, ils ne font rien ? Comment c'est possible de laisser des enfants chez des nounous où ça ne va pas ? Peut-être qu'on ne devrait leur donner l'agrément qu'une fois qu'elles ont fait leurs preuves, non ? » *Mme Deslilas*

Toute ressemblance avec des personnes connues serait naturelle puisque ce sont des situations réelles et vécues au quotidien. Je remercie toutes les personnes qui m'ont accordé leur confiance et ont bien voulu témoigner dans ce chapitre.

Chapitre XIX

La lettre à Annabelle

Ma chère Annabelle,

J'ai beaucoup pensé à toi en écrivant ce livre. Tu es la première petite fille que j'ai accueillie et c'est avec toi que je suis devenue nounou. Lorsque nous nous sommes rencontrées, c'était en juin et tu étais en première année de maternelle. Ta maman cherchait quelqu'un pour te garder car son assistante maternelle lui avait fait brusquement défaut ; je lui ai répondu que je voulais bien lui rendre service, dans l'urgence, mais qu'elle devrait très vite trouver une solution, parce que « moi, je n'étais pas nounou ! » et tu vois, dix ans après et bien je le suis toujours ! Et fière de ce beau métier.

Tu étais une petite fille très attachante et qui est restée dans mon cœur ; tu es maintenant une jeune fille et j'espère que tu vas bien. J'ai déménagé très loin et nous ne sommes pas restées en contact et pourtant, tu vois, en plongeant dans mes souvenirs pour écrire ce livre, j'ai retrouvé beaucoup de photos où tu apparais toujours souriante et de bonne humeur. Tu disais toujours « c'est pas grave, Tatie ! » et cette phrase est restée longtemps dans notre famille. Elle nous rappelait à chaque fois notre petite Annabelle.

Je me souviens que tu aimais beaucoup faire de la peinture et que tu en rapportais beaucoup à la maison. Tu aimais aussi la pâtisserie et nous faisions très souvent des petits gâteaux ; tu te montrais toujours très appliquée et concentrée. Et fière du résultat ! Tu aimais aussi te déguiser et faire de jolis colliers en perles de bois. Aux beaux jours, nous rentrions souvent de l'école à pied et tu courrais après les pigeons en les appelant « cocottes ». Tu adorais la balançoire aussi et les jeux d'eau. Je ne crois pas avoir dû me fâcher après toi une seule fois durant ces quelques mois !

À l'école, la maîtresse me disait que tu étais réservée et un peu solitaire. J'espère que le reste de ta scolarité se déroule bien et que tu as des idées pour ton avenir. Pâtissière, peut-être ? Trouve ta voie et vis ta vie !

En te souhaitant tout le bonheur du monde, je t'embrasse bien fort.

Tatie

Conclusion

Pour finir, faisons la connaissance de Christian et Valérie qui attendent un heureux évènement : la petite Lola arrivera cet été. Ils s'intéressent donc pour la première fois aux différents modes d'accueil et découvrent ébahis, qu'ils peuvent s'adresser à une crèche, une micro-crèche, une crèche parentale, une crèche d'entreprise, une crèche familiale, une halte-garderie, un centre multiaccueil, une Maison d'assistants maternels, un jardin d'enfants, un jardin d'éveil, une nounou à domicile ou un assistant maternel… la plus grande confusion règne et la concurrence est rude. Et pourtant, on leur a dit de s'y prendre à temps car il manque encore et toujours des places d'accueil, c'est à n'y rien comprendre !

Spontanément, comme la plupart des jeunes parents, ils envisagent dans un premier temps, plutôt un accueil collectif. Mais des réactions indignées se font entendre de tous côtés au vu de la mutation actuelle des structures d'accueil de la petite enfance, induisant toujours moins de personnels pour toujours plus d'enfants ; on parle de rentabilité, de taux de remplissage et de profits. Les personnels souffrent psychologiquement de ne plus pouvoir remplir leur mission dans de bonnes conditions, et physiquement d'un travail devenu stressant et épuisant. Les conditions générales d'accueil des enfants semblent s'être dégradées. Mobilisation, manifestations, pétitions… Alors, les parents de Lola sont un peu inquiets.

Ils ont entendu dire que ce sont les assistants maternels qui accueillent le plus grand nombre d'enfants. En effet, l'assistant maternel, seul, chez lui, propose un accueil familial, et tente de faire au mieux pour que celui-ci soit de qualité. Mais imagine-t-on réellement que le fait de travailler au domicile nous protège de tous les maux de notre société ? Qui s'inquiète de la qualité éducative de l'accueil de ces enfants-là, et de la santé de ceux qui s'en occupent ? Très peu d'études, aucune recherche… Où sont passés tous les éminents spécialistes qui scrutent l'accueil en crèche à la loupe ? Pourtant, il s'agit toujours d'accueillir au mieux des enfants, en structure ou au domicile !

Le monde du travail s'est singulièrement durci, précarisé et déshumanisé. La faute à la crise ? On se suicide dans les grandes entreprises, on désespère dans les écoles et les hôpitaux, on culpabilise les chômeurs, les exclus du système, les malades : les assistants maternels, eux, souffrent en silence, peu habitués à se plaindre, en manque de mots pour décrire leur quotidien parfois difficile à vivre. Comme si le bonheur de travailler avec des enfants devait tout excuser, tout justifier ! Tout juste une timide réclamation d'un peu plus de reconnaissance de notre travail, mal connu et mal apprécié.

Triste réalité ? Pourtant, ce travail, que certains hésitent encore à appeler profession, est souvent merveilleux : nous travaillons avec des petits enfants, ce qui est toujours gratifiant, des enfants auxquels nous donnons affection et stabilité dans un monde où tout va toujours plus vite. Chez sa nounou, le tout-petit peut grandir en confiance, prendre son temps pour chaque jour, un pas après l'autre, aller de l'avant. Nous tissons avec leurs parents des liens plus ou moins forts selon les circonstances, mais pour certains d'entre eux, nous resterons dans leurs souvenirs comme eux resteront dans les nôtres. Sans faire beaucoup de bruit, mais avec détermination, nous construisons leur avenir en même temps que le nôtre, car chacun sort grandi d'un accueil qui se déroule bien.

Nous sommes fiers de ce métier que nous aimons, nous en mesurons toute l'importance, nous sommes conscients des enjeux ; comme tous ceux qui s'indignent de la dégradation de l'accueil en structure d'accueil, nous nous indignons aussi de la dégradation de nos conditions de travail à la maison ! Nous sommes indignés qu'on veuille nous interdire toute visite à domicile en nous obligeant à vivre en vase clos, nous sommes indignés de devoir inscrire nos enfants à la cantine ou nous séparer de l'animal de compagnie de la famille car le Conseil général n'en veut pas, nous sommes indignés par cette obligation de surveillance constante, utopique et irréalisable avec plusieurs enfants, mais qui pèse lourdement sur nos épaules, nous sommes indignés de devoir y réfléchir à deux fois avant de tomber malades ou de nous faire opérer, et de constater que les collègues âgés ne peuvent vivre dignement de leur retraite !

Mais surtout, surtout du manque de formation et d'informations car ce handicap, nous le vivons quotidiennement : nous sommes souvent désemparés et sans arguments face aux parents ou aux administrations. Manque de formation, mais exigences à notre encontre en nette hausse ! Nous sommes passés de la garde à l'accueil en omettant de nous délivrer le mode d'emploi au passage ! Les enfants perçoivent les tensions, la fatigue de très longues journées, la crainte de l'accident, le manque d'échanges et de soutien... La communication avec les parents qui sont loin d'imaginer ces difficultés est parfois difficile.

Si 40 % des enfants pensent à la mort tant ils sont anxieux et malheureux, ainsi que l'écrit Jeannette Bougrad, secrétaire d'État chargée de la jeunesse et de la vie associative[95], et si 42 % des jeunes disent « avoir mal au ventre » au moment de partir à l'école[96], ne serait-il pas grand temps de prendre le problème à la racine, c'est-à-dire dès la petite enfance, dans sa globalité sans

95. Cyrulnik B., *Quand un enfant se donne « la mort », attachement et sociétés,* Paris, Odile Jacob, 2011, p. 9.
96. Montagner H., « Temps de l'enfant et structures d'accueil », *in* Ott L., Murcier N. (sld.), *Le Mythe de l'Enfant-roi*, Savigny-sur-Orge, Philippe Duval, 2011, p. 113.

discriminer l'accueil en structure et l'accueil familial, et surtout à bras le corps ! Qui aura le courage de remettre à plat une organisation qui semble montrer ses limites de manière assez criante ? Une situation explosive, dénoncée de tous côtés et dont les premières petites victimes sont nos enfants !

Pourquoi continuer d'accepter comme une fatalité que nous restions les éternels parents pauvres des métiers de la petite enfance, les travailleurs sociaux les plus mal formés, de l'avis général ? Je ne me pose pas en porte-parole de notre profession, d'autres font cela mieux que moi. Je constate seulement, après dix ans de pratique, que couvent parfois une grande détresse, une grande solitude, un désarroi qui ne peuvent vraiment s'exprimer que lorsque le climat de confiance est suffisant, alors qu'en surface tout le monde prétend aller bien ; en réalité, nous craignons tous plus ou moins pour notre travail, même si nous espérons le faire au mieux. Nous qui accueillons plus d'un million d'enfants quotidiennement, nous attendons une formation à la hauteur des enjeux, un accompagnement plus psychologique et éducatif, que sanitaire et infirmier, une amélioration de nos acquis sociaux et une retraite digne de ce nom. Une utopie ? Un espoir insensé ?

Christian et Valérie, eux, très loin des statistiques, des débats internes à la profession et des querelles de clocher, ont pris rendez-vous auprès du Relais d'assistants maternels pour s'informer. S'ils optent finalement pour ce mode d'accueil, ils deviendront employeurs et cela les inquiète un peu. Et tandis qu'ils écoutent les explications de l'animatrice du Ram, ils observent un petit groupe d'assistants maternels avec des enfants. Tout de suite, ils trouvent bien sympathique cette jeune femme qui parle avec douceur à un bébé. Oui, bien sympathique ! Mais aura-t-elle de la place pour leur petite Lola ? Pour eux, c'est une toute nouvelle aventure qui commence. Souhaitons leur bonne chance !

À mes enfants, Élodie, Sarah, Marc et Sébastien

Glossaire

Caf : caisse d'allocations familiales.

CAP : certificat d'aptitude professionnele.

CCPD : commission consultative paritaire départementale.

Cnaf : caisse nationale d'allocations familiales.

Credoc : centre de recherche pour l'étude et l'observation des conditions de vie.

Dif : droit individuel à la formation.

Drees : direction de la recherche, des études, de l'évaluation et des statistiques.

Eje : éducateur de jeunes enfants.

ERP : établissement recevant du public.

Fepem : fédération des particuliers employeurs.

Mam : maison d'assistants maternels.

Paje : prestation d'accueil du jeune enfant.

Pajemploi : réseau Urssaf.

PMI : protection maternelle et infantile.

Ram : relais assistants maternels.

Référentiel de l'agrément des assistants maternels à l'usage des services de PMI : document destiné aux professionnels chargés de l'évaluation des demandes d'assistants maternels, pour que leur délivrance soit fondée sur des bases les plus cohérentes, objectives et pertinentes possibles sur l'ensemble du territoire, au regard du métier concerné… www.travail.solidarité.gouv.fr/espaces/famille/, « rubrique infos pratiques ».

VAE : validation des acquis de l'expérience.

Références bibliographiques

Badinter E. (2010), *Le Conflit : la femme et la mère,* Paris, Flammarion.

Ben Soussan P. (sld.) (2011), *Le livre noir de l'accueil de la petite enfance,* Paris, Érès.

Benammar A. (2011), *Activités d'éveil des tout-petits,* Paris, Fleurus.

Bouve C., Sellenet C. (2011), *Confier son enfant, L'univers des assistantes maternelles,* Paris, Autrement.

Campbell E. (1985), *Childless Marriage*, London, Tavistock Publications.

Cyrulnik B., Rameau L. (sld.) (2012), *L'accueil en crèche,* Savigny-sur-Orge, Philippe Duval.

Epstein J. (2010), *Comprendre le monde de l'enfant,* Paris, Dunod.

Epstein J. (2011), *Le jeu enjeu,* Paris, Dunod.

Epstein J., Radiquet C. (1999), *L'explorateur nu,* Paris, Universitaires.

Halmos C. (2008), *L'autorité expliquée aux parents,* Paris, NIL.

Marcelli D. (2012), *Il est permis d'obéir,* Paris, Le Livre de Poche.

Ott L., Murcier N. (sld.) (2011), *Le Mythe de l'Enfant-roi,* Savigny-sur-Orge, Philippe Duval.

Rameau L. (2011), *Pourquoi les bébés jouent ?,* Savigny-sur-Orge, Philippe Duval.

Rufo M. (2005), *Détache-moi !, Se séparer pour grandir,* Paris, Anne Carrière.

Rufo M. (2011), *Tiens bon !,* Paris, Anne Carrière.

Schmitt E.-E. (2012), *Les dix enfants que madame Ming n'a jamais eus,* Paris, Albin Michel.

Sellenet C. (2006), *Les assistantes maternelles : de la garde à l'accueil éducatif,* Paris, L'Harmattan.

Table des matières

Composition et mise en page:
Olivier Teneul

Achevé d'imprimer par
l'imprimerie France Quercy, 46090 Mercuès

Dépôt légal: août 2012